말의 품격은 태도에서 나온다

말의 품격은 태도에서 나온다

초판 1쇄 발행 2025년 12월 10일　　　지은이　지혜명

　　　　　　　　　　　　　　　　　　펴낸이　김진규
　　　　　　　　　　　　　　　　　　경영지원　정동윤
　　　　　　　　　　　　　　　　　　책임편집　김민영

펴낸곳　(주)시프 | 출판등록 2021년 2월 15일(제2021-000035호)
주소　경기도 고양시 덕양구 권율대로668 티오피클래식 209-2호
전화　070-7576-1412
팩스　0303-3448-3388
이메일　seepbooks@naver.com

ISBN　979-11-92421-53-7　(03190)

- 이 책은 저작권법에 따라 보호를 받는 저작물이므로 무단 전재와 무단 복제를 금합니다.
- 이 책의 전부 또는 일부를 이용하려면 반드시 저자와 ㈜시프의 동의를 받아야 합니다.

관계와 인생을 바꾸고
마음을 움직이는 말 습관

지혜명 지음

말의 품격은 태도에서 나온다

시프

책을 읽기 전에

3월이 되면 우리 가족은 꽃시장에 간다. 아직은 추위가 남아 있지만, 비닐하우스 안에서 막 피어난 향긋한 꽃과 초록색 잎사귀를 발견하면 제일 먼저 봄을 맞이하는 것 같아 행복해진다. 그날도 한참을 오가며 꽃향기를 맡고 구경하다 보니, 어느새 몇 개의 식물이 각자의 손에 들려 있었다.

설레는 마음으로 집에 돌아와 거실에 신문지를 깔고 마음에 드는 적당한 크기의 화분을 골랐다. 바닥을 깔망으로 막고 물빠짐용 작은 돌도 깔고 굵은 모래를 적당히 부어주었다. 그리고 식물을 조심스레 옮겨 심고, 화분 가장자리에 배양토를 조금씩 삽으로 떠 넣었다. 손으로 가만가만 두드려주고, 충분히 물도 준 후, 햇빛이 잘 드는 자리에 나란히 놓았다. 각자의 위치에 예쁘게 놓인 화분만으로도 꽃봉오리가 곧 터질 듯 푸릇한 생명이 집 안으로 들어온 느낌이었다.

그런데 며칠이 지나자, 남편이 심은 남천만 잎이 바삭바삭 말라가고 색도 누렇게 변하기 시작했다. 나무를 잘못 샀나 싶었지만, 며칠 더 두고 보기로 했다. 며칠이 지나니 손으로 건드리기만 해도 바스러지며 더 많은 잎사귀가 떨어졌다.

"왜 이 화분만 이러지? 뭔가 잘못된 건가?" 하며 걱정하는데, 남편이 말끝을 흐리며 고백했다. "그게 말이야. 흙이 모자라서 베란다에 있던 오래된 흙으로 화분 속을 채웠는데, 그것 때문인가? 이것저것 모래 같은 것도 좀 섞여 있긴 하던데."

아무리 정성껏 물을 주고 바람과 햇살이 잘 드는 자리에 두어도 이미 뿌리를 감싼 흙에 영양분이 전혀 없으면 제대로 자라지 못한다. 결국 남천을 조심스럽게 꺼내 새 흙으로 옮겨 심었다. 다시 살아날 수 있을까 하는 걱정스러운 마음과 기대를 품은 채 기다려보기로 했다. 일주일쯤 지났을까, 신기하게도 그대로 말라 죽은 줄 알았던 잎들이 조금씩 생기를 되찾기 시작했다. 마른 가지 끝에서 촉촉하고 연한 초록잎도 나고 잎사귀에도 힘이 생기기 시작했다.

더는 살아나지 못할 줄 알았던 남천이 새 숨을 틔우는 걸 보면서 문득 이런 생각이 들었다. 수많은 교육 현장을 다니며, 다양한 사람들을 만나고 커뮤니케이션 교육을 진행했지만, 하루 이틀의 교육으로는 늘 아쉬움이 남았었다. 수업이 끝날 때는 분명 달라진 듯 보였어도, 다시 현장에서 마주한 그들의 모습은 종종 예전과 다르지 않았기 때문이다.

남천이 다시 살아나는 것을 보면서 뿌리를 돌보지 않고, 겉으로 드러나는 말투만 다듬고, 행동만 바꾸려 하는 것은 '그런 척'하는 것과 전혀 다르지 않음을 알게 되었다. 겉모습만 건드린 변화는 가짜일 뿐 진짜 변화가 아니었다. 내면 깊숙이 자리한 신념과 가치, 즉 뿌리를 흔들어야 했다.

뿌리를 들여다보고 살피지 않으면서 겉으로만 그런 척하는 말투는 오래가지 못하고, 결국 다시 원래대로 돌아온다. '말하는 태도'란 바로 그런 것이다. 말하는 스킬도 분명 알아야 하고 배워야 하는 것이 있다. 하지만 그보다 먼저 왜 이런 말하는 태도를 취하게 되었는지, 나의 말이 어디서부터 나온 것인지, 그 말이 비롯된 뿌리를 찾아보는 것이 먼저다. 그래서 '말하는 태도의 뿌리'를 함께 들여다보며 고민해 보고 싶다.

  말은 입에서 나오지만, 실은 마음의 뿌리에서 나오는 것이다. 우선 내가 어떤 마음을 품고 있는지를 들여다봐야 그 뿌리를 알게 된다. 뿌리가 바뀌지 않으면 말하는 태도는 달라진 듯 보여도 결국 아무것도 변하지 않는다.

차례

책을 읽기 전에 • 004

Part 1 말하는 태도만 바꿔도 인생이 달라진다

태도는 우리가 걸어온 길을 반영한다

작은 태도가 만든 큰 변화 .... • 015
10,000ft 상공에서 만난 블랙 컨슈머 .... • 019
하늘 위를 걷게 하는 대통령의 따뜻한 한마디 .... • 023
"비행기 당장 세워!" 땅콩 하나로 멈춘 비행기 .... • 027
태도는 우리가 걸어온 길을 반영한다 .... • 030

너의 태도가 곧 너의 길이다

태도가 곧 너의 길(VIA)이다 .... • 035
태도를 구성하는 세 가지 .... • 037
VIA가 당신의 태도를 결정짓는 이유 .... • 042
VIA란 무엇인가? • 046
내 인생의 VIA • 047

Part 2 말하는 태도는 어떻게 형성되는가?

내면의 가치, Value
"난 원래 이런 사람이에요!" 성격이 만든 말하는 태도 · 053
말하는 태도는 결국 삶의 발자국이다 · 057
생각의 틀, 당신은 어떤 프레임을 쓰고 있나요? · 062

외적 영향, Influence
관계 속에서 나에게 주어진 페르소나 · 069
말은 닮는다. 관계가 만드는 말하는 태도 · 073
매일 가면을 쓸 수는 없다 · 077

행동, Action
사람들은 당신의 말과 행동으로 당신을 정의한다 · 083
말과 행동이 어긋날 때, 신뢰는 무너진다 · 087
뿌리부터 바뀌어야 행동이 달라진다 · 090
결국, 행동이 너의 태도를 증명한다 · 093

Part 3 명품보다 빛나는 건, 말하는 태도의 품격이다

나는 어떤 태도로 말하는 사람인가?
외모는 명품인데, 말하는 태도는 몇 점? · 099
말하는 태도 자기진단 워크시트 · 102
자신감의 진짜 얼굴, 나를 들여다보는 용기 · 105
성격 유형으로 알아보는 "나는 어떤 사람인가?" · 108
기질 진단 검사 · 115

말하기 습관 재설계
나만의 색깔을 찾아라 · 121
상대방의 반응을 읽는 감각을 키워라 · 126
언어 습관이 뇌를 바꾼다, 신경가소성 · 130
감각은 당신의 뇌를 깨우는 스위치다 · 136
감각 자기진단 워크시트 · 144

사람의 마음을 여는 대화의 본질
'오.만.추' 오늘 만남에서 추구하는 것은? · 147
상대를 배려하는 마음이 먼저다 · 151
말을 듣는다는 건, 그 마음 앞에 진심으로 마주 앉는 일이다 · 153
'쉼표의 힘' 말보다 마음에 닿는 침묵이 있다 · 158
말의 온도를 조절하라. 차가우면 거리감, 뜨거우면 부담감 · 162
숨은 시그널 알아채기 · 166

Part 4 현명한 사람들이 말하는 태도

현명한 사람들의 말하기는 무엇이 다를까?

균형 있는 말하기를 한다 · 173
자신이 아는 것이 옳지 않을 수 있음을 안다 · 177
벽은 허물되 격은 있어야 한다 · 179
착한 사람이 아닌 좋은 사람이 되라 · 182
불필요한 말 없이 핵심을 깊게 새기는 말하기 · 186

갈등을 넘어, 관계를 깊게 만드는 말의 태도

상대를 방어적으로 만들지 않는 말하기 · 193
다름을 존중하는 태도, 내가 옳다는 마음을 내려놓아라 · 200
말하지 않고 쌓이기만 하는 감정은 결국 행동으로 드러난다 · 202
갈등 후에는 반드시 회복 대화를 해라 · 205

말하는 태도, 인생 지도를 그린다

자기 주도적 삶이 만들어내는 말하는 태도 · 211
내면이 단단한 사람은 길을 잃지 않는다 · 216
감정을 다스리는 사람, 감정에 휘둘리는 사람 · 218
감정에 휘둘리지 않는 사람들의 마인드셋 · 221
혼자 있는 시간의 힘 · 222
말이 아닌 삶으로 내 인생의 길을 증명하라 · 226

책을 마무리하며 · 229

말하는
태도만
바꿔도

인생이
달라
진다

Part
1

내가 오늘 하루 사람들에게 어떤 말을 했는지 생각해

본 적이 있을까? 하지만 그보다 더 중요한 것은

그러한 말을 어떤 태도로 전했느냐다. 말하는 태도가

어떠했는지에 따라 그 말이 상대의 마음에 어떤 공기와

감정으로 닿았는지가 결정되기 때문이다.

태도는
우리가
걸어온 길을
반영한다

작은 태도가 만든
큰 변화

　　　　느지막이 일어나 가방을 챙겼다. 이번 달은 연달아 장거리 비행이 있었고, 시차 적응이 쉽지 않아 어젯밤에도 잠을 설쳤다. 다행히 오늘은 저녁에 출발하는 뉴욕으로의 비행. 400명이 넘는 승객과 함께 열네 시간의 비행을 앞두고 긴장감이 감돌았다.
　탑승구가 열리자 승객들이 줄지어 들어왔다. 크고 작은 캐리어에 백팩까지 멘 사람들로 통로는 금세 정체됐다. "35A는 이쪽입니다! 짐 올려드릴까요?" 밝고 씩씩한 목소리로 빠르게 안내를 시작했다. 유니폼을 입으면 나도 모르게 힘이 솟는 듯했다. 분명 선잠을 자고 일어나 몸이 노곤했는데도, 짐을 번쩍 들어 올리고 통로를 빠르게 정리하며 밝게 웃게 된다. 장장 열네 시간의 비행을 함께할 400여 명의 손님을 맞이하는 순간이다. 그 시작부터 좋은 인상을 주고 싶은 마음 때문이었을까. 오늘은 이분들과 함께하는구나. 모두가 안전하고 기분 좋은 비행이 되기를 바라는 마음으로 일을 시작한다.

단지 몸을 신속하게 움직이는 것이 아니라 마음가짐부터 다잡는 시간이다. 눈빛, 말투, 표정, 심지어 인사 한마디에도 진심을 담아 마음을 전해본다. 한 분, 한 분의 얼굴에 눈도장을 찍으며 '장시간 비행 우리 같이 잘해보아요' 하는 간절한 마음을 담아 인사를 건넨다. 내가 건네는 말 한마디가 누군가에게는 이 비행의 기분을 결정짓는 시작이 될 수 있으니까, 내 소소한 말과 행동으로 좀 더 편안한 비행을 경험할 수 있다면, 아니 더 즐겁고 행복한 추억을 만들 수 있다면 좋겠다는 바람을 가진다.

40분쯤 지나 도어가 닫히고, 매니저의 방송이 울렸다. "Cabin crew, door side standby!" 승무원들이 도어 앞에 서서 크로스 체크를 한다. "Number 1 clear!" "Number 2 clear!" 도어 체크가 끝나면 본격적인 비행이 시작된다.

그때였다. 손님들의 좌석 벨트와 테이블, 짐칸을 점검하며 비행기 뒤편으로 가던 중 창가에 앉은 여성 승객이 눈에 들어왔다. 그녀는 가슴을 붙잡고 고개를 숙인 채 짧게 숨을 몰아쉬고 있었다. 손끝은 불안하게 떨렸고, 이마에는 땀방울이 맺혀 있었다. 조용히 다가가 낮은 목소리로 "손님, 괜찮으세요?"라고 물었다. 그녀가 힘겹게 고개를 끄덕였다.

"괜찮을 줄 알았는데…, 이륙이 아직도 너무 무섭네요."

곧장 주변을 살펴보았지만 빈자리는 없었다. 그때 가까운 승무원 좌석 근처에 앉은 한 남성 승객과 눈이 마주쳤다. 그는 조용히 고개를 끄덕이며 말했다.

"제 자리로 옮기셔도 괜찮습니다."

감사의 인사를 전하고는 여성을 승무원 좌석 맞은편으로 안내했다. 그녀의 짐을 들고 천천히 뒤쪽으로 안내하면서 말했다.

"사실 비행기가 무서울 수 있어요. 소리도 크고 흔들리기도 하니까요. 무섭다고 하시는 분들도 꽤 많아요. 하지만 걱정 안 하셔도 돼요. 매일 비행기 타는 저희들이 옆에 있잖아요."

여성은 순간 빙그레 미소를 지으며 "그러네요, 승무원분들은 매일 비행기를 타는데, 제가 너무 촌스럽게 이러네요. 제가 혼자 비행기를 타는 게 처음이라 이렇게까지 무서울 줄 몰랐어요"라고 했다.

"그러시구나. 정말 용기 내신 거예요. 혼자 비행기를 탄다는 건 누구나 쉽지 않은 일이에요. 제가 친구처럼 옆에서 같이 갈게요. 이제 염려 마세요."

손님은 또다시 웃음을 머금었다.

"사실 친구 만나러 가는 길이거든요. 너무 오랜만에 보는 친구라 보고 싶고 설레고, 그런데 비행은 무섭기도 하고."

"와, 친구분 만나러 가시는 거예요? 그 친구분 참 행복하시겠어요. 멀리서 나를 만나러 와주는 친구라니 얼마나 기쁘시겠어요? 뉴욕에서 어떤 계획 있으세요?"

"글쎄요. 브로드웨이에서 공연도 보고, 소호 거리도 좀 걷고, 그냥 공원에 앉아 수다만 떨어도 좋을 것 같아요."

"정말 좋으시겠어요. 단풍 가득한 센트럴파크를 산책하는 상상만으로 벌써 행복해지는 것 같아요."

그녀는 고개를 끄덕이며 친구와 함께 거니는 모습을 그려보는 듯했다. 평온한 표정을 보니 나도 마음이 놓였다. 그때 이륙을 알리는 기내 방송이 나왔다. 대화하며 잠시 긴장을 잊은 듯했는데, 다시 눈빛이 흔들리는 게 보였다. 나는 아직도 긴장되면 손을 잡자고 했다. 따뜻한 손이 맞닿았다. 우리는 손을 잡은 채 조용히 이륙을 기다렸다. 비행기가 활주로를 달리기 시작했고 속도가 붙어 기체가 하늘을 향하자 그녀의 손에 힘이 들어가고 축축해지는 게 느껴졌다. 비행기가 구름 위로 올라가 기체가 안정되자 그녀의 굳어진 표정도 서서히 풀리기 시작했다. 천천히 손을 내려놓자, 창밖을 바라보던 그녀가 눈을 돌려 조용히 나를 바라보았다.

"처음에는 너무 무서웠는데, 덕분에 마음이 놓였어요."

"다행이에요. 항상 저희가 옆에 있으니까 언제든지 도움이 필요하시면 불러주세요. 식사 나오기 전까지 편히 쉬세요. 잠시 후에 또 올게요."

그녀는 고개를 끄덕이며 미소 지었다. 일을 시작하기 위해 자리에서 일어서며 조용히 생각했다. 내가 어떻게 하느냐에 따라, 손님의 기분과 상황이 이렇게 달라질 수 있다니. 다시 한번 승무원으로서의 무거운 책임감이 온몸을 감싸안았다.

10,000ft 상공에서 만난 블랙 컨슈머

비행 전, 매니저가 조용히 메일함을 열었다. 제목은 짧았지만, 고단함이 묻어났다.

"45D, 반드시 비빔밥 확보 요망."

보낸 곳은 고객의 소리를 담당하는 VOC 부서였다. 이런 메일이 올 정도라면 이분은 블랙 컨슈머임이 분명했다.

사연은 이랬다. 한 중년 승객이 오랜 해외 체류 후 뉴욕에서 인천으로 들어오는 항공편에 탑승했다. 그가 말하길, 긴 체류 기간 자신을 견디게 한 건 '돌아올 때 기내에서 비빔밥을 먹어야지' 하는 기대감뿐이었다고 했다. 그런데 운명의 장난처럼 비빔밥이 그의 앞자리에서 품절되었고, 그는 그것이 단순한 우연이 아니라 승무원이 자신의 권리를 빼앗은 것이라 여겨 컴플레인을 제기했다.

"앞에서 끊겼다고요? 저는요, 비빔밥을 먹으려고 비행기를 탄 사람입니다. 비빔밥을 못 먹을 것 같으면, 이 비행기 안 탔다니까! 내가 왜 비싼 돈 주고 국내 항공사를 탔는데! 비빔밥 못 주면 항공료도 물어내라고!"

그의 말은 분노로, 폭언으로 번졌으며, VOC 부서에는 수십 통의 메일이 도착했다. 그는 그때 비빔밥 대신 먹은 치킨 때문에 병원에 입원하게 되었고, 일정에도 차질이 생겼다며 비행기 요금과 병원비를 보상하라는 요청까지 했다. VOC 부서에서는 "매니저님! 이번에도 비빔밥을 제공하지 못하면 우리 또 몇 달 동안 힘들어집니다. 이번에는 꼭 기내에서 해결해 주세요"라는 말을 전했다. 간절함이 묻어나는 문장이었다.

그러나 이코노미 클래스에서 식사 서비스란 그리 단순하지만은 않다. 좁고 긴 통로에서 트레이를 빠르게 서비스하는 것도 중요하고, 정해진 절차에 맞춰 서비스하는 것도 중요하다. 하지만 그보다 더 중요한 건 고객에게 만족을 드리는 서비스를 하면서도 공정해야 한다는 사실이다. 불만을 제기한 손님을 위해 식사 순서를 바꿀 수도 없는 노릇이었다. 승객의 자리가 뒤쪽이라 오늘도 비빔밥이 똑 떨어지는 사태가 벌어질지도 모를 일이었다. 마음 같아서는 하나 몰래 숨겨 놨다가 드리고만 싶었다.

'그래도 시간이 많이 흘렀는데, 화가 좀 가라앉지 않으셨을까? 그동안 한국에서 비빔밥보다 더 맛있는 것도 많이 드셨을 텐데.' 속으로 별의별 생각이 다 들었다. 하지만 문득 그런 생각이 스쳤다.

'그래, 기내에서 라면 냄새처럼 참기 힘든 것도 없는 것처럼, 아마 그분도 빨간 고추장과 나물, 그리고 고소한 참기름 냄새에 순간 화가 치밀었을 거야. 나라도 느끼한 음식만 계속 먹다가 또 치킨이나 파스타를 먹으라면 싫을 테니까.'

그렇다 해도 45D 손님을 만나기 위해 다가가는 일은 쉬운 일은 아니었다. 나는 오래전 불쾌했던 분위기를 되살릴 필요는 없다고 생각해 아무 일도 없었던 것처럼 다른 승객들과 똑같이 편안하고 친근한 말투로 다가가 말을 건넸다.

그는 처음에는 퉁명스러운 듯 거칠었지만, 점점 투박하고 친근한 말투로 변했고, 시간이 지날수록 정겨운 이웃집 아저씨처럼 느껴졌다. 대화를 하다 보니 이분이 블랙 컨슈머가 맞나 싶기까지 했다. 우리가 귀 기울여야 했던 것은 비빔밥 자체가 아니었다. 비빔밥은 어찌 보면 꼬투리에 불과했던 것일지 모른다.

아마도 그가 말하지 않은 진짜 감정은 장시간 비행으로 몸도 불편하고 혼자라 외로웠던 마음이 아니었을까? 불만의 말은 비빔밥으로 표출되었지만, 그에게 정말 중요했던 건 누군가 간절히 귀담아주길 원했던 그의 인생이었다. 비행기에서 내릴 때가 되자 45D 손님은 승무원 한 명 한 명과 악수하며 말했다.

"아주 즐거운 비행이었어요. 역시 국내 항공사가 최고야."

유니폼을 입는 순간, 단지 옷을 입는 것이 아니다. 그 순간부터는 역할과 책임, 그리고 보이지 않는 기대를 함께 입는 것이다.

한번은 손님으로 중국동방항공을 타고 상하이에 간 적이 있다. 마침 딸아이의 생일이었는데, 한 승무원이 다가와 한글로 정성스럽게 적힌 생일 축하 카드와 따뜻한 차 한 잔을 건네주며 생일 축하를 해주었다. 생각지도 못했던 서비스에 기분 좋게 비행을 시작했다. 짧은 비행 동안 그 승무원은 눈이 마주칠 때마다 밝게 웃으며 "생일 축하합니다"라고 말해주었다.

그런데 비행이 끝나고 입국장으로 향하던 중, 딸아이가 "엄마! 엄마! 핸드폰을 비행기에 두고 왔어요!" 하는 게 아닌가. 당황한 채 직원을 찾고 있었는데, 마침 멀리서 승무원들이 나오고 있는 모습이 보였다. 나는 급히 달려가 자초지종을 설명했고, 그때 승무원의 반응을 보며 감동을 느꼈다. 그 승무원은 딸아이의 좌석 번호까지 기억하며 마치 자기 일처럼 안타까워하면서 "괜찮습니다. 금방 찾을 수 있어요"라고 말하고는 재빠르게 어딘가로 전화했고 다른 후배 직원들에게는 본인이 일 처리를 하고 갈 테니 먼저 가라고 배려하는 태도까지 보여주었다. 그 모습은 그녀의 평소 모습이자 됨됨이를 보여주는 자동 반사적인 태도였다.

사람들은 말하지 않아도 기대하고 있다. 이 긴 여정 동안, 나와 내 가족, 친구를 대신해 누군가가 나를 보살펴줄 거라는 믿음. 그래서 승무원의 태도는 단순한 서비스가 아니라 마음과 마음이 닿아 신뢰로 이어지는 다리가 된다. 작은 배려 하나가 승객의 마음을 편안하게 만들고, 잔잔한 미소 한 번이 긴 여행을 따뜻하게 만든다. 바쁜 와중에도 이러한 꾸밈없는 태도를 보여줄 때, 기계적인 행동이 아니라 진심의 언어가 되어 고객에게 전해진다. 수많은 사람들을 만나며 더욱 또렷하게 알게 되었다. 말은 단지 입에서 나오는 것이 아니라 상대방을 생각하고 배려하는 마음에서 나온다는 것을 말이다. 그래서 말은 스킬이 아니라 태도가 중요하다는 것을 다시금 깨달았다.

그렇게 하루하루 사람들을 만나며 쌓인 나의 태도는, 나의 모습이자 내가 살아온 길이 되었다. 승무원이 유니폼을 입듯, 우리는 매일의 삶 속에서 말하는 태도라는 옷을 입고, 누군가에게 다가가고 있다. 오늘 하루 사람들에게 어떤 말을 건넸는지 생각해 본 적이 있을까? 하지만 그보다 더 중요한 것은 그러한 말을 어떤 태도로 전했느냐 하는 것이다. 말하는 태도가 어떠했는지에 따라 그 말이 상대의 마음에 어떤 공기와 감정으로 닿았는지 결정되기 때문이다. 내 말은 어떤 공기와 감정으로 상대에게 닿았을까? 그 말이 머물렀던 자리에 신뢰가 남았을까, 아니면 불편함이 남았을까?

하늘 위를 걷게 하는
대통령의 따뜻한 한마디

비행 3년 차 무렵, 대통령 전용기 코드원(Code One) 승무원으로 해외 순방 일정에 탑승했다. 성남공항에서 출발해 9박 10일간 이어지는 긴 여정. 인천공항이 아닌 성남공항에서 출국하는 것도, 케이터링 메뉴나 서비스 순서, VIP 응대 방식까지 모든 것이 평소와는 달랐다.

우리는 사전에 따로 교육을 받았고, 회사 고위 임원뿐 아니라 국가기관의 점검까지 마친 뒤에야 비로소 비행기 문을 닫을 수 있었다. 기내 곳곳에 긴장감이 퍼졌고, 승무원들 모두 숨소리조차 조심스러울 만큼 한 치의 실수가 없도록 분주히 움직였다. 하지만 이상하게도 그 비행기 안에는 묘한 따뜻함이 감돌고 있었다. 팽팽한 긴장감 속에서도 사람과 사람 사이에 조용히 스며드는 존중과 배려가 머물러 있었다.

나는 위층에서 장관님들을 수행하고 있었다. 당시 외교부 장관이셨던 반기문 장관님의 모습이 세월이 지난 지금도 마음 한편에 따뜻하게 남아 있다. 노란 독서등 아래 조용히 서류를 들여다보며 일에 집중하던 모습은 주변마저 고요하고 편안하게 만들어주었다. 그 긴장감이 감도는 와중에도 서비스하는 우리에게 매번 "고맙습니다"라는 인사말을 잊지 않으셨다. 사람을 존중하는 그분의 삶이 자연스럽게 녹아든 태도였다. 그 후로 몇 년 동안 언제 뵈어도 상대방을 존중하는 온화한 모습은 늘 한결같았다. 늘 부드러운 어조로 존중의 마음을 전하던 그분의 태도는 오래도록 기억에 남았다.

비행기가 이륙하고 본격적인 서비스의 시작을 알리는 좌석 벨트 사인이 꺼졌다. 한 치의 오차도 발생하지 않도록 각자의 자리에서 긴장한 마음으로 준비하고 있었다. 그때 고 노무현 대통령께서 기내를 천천히 돌며 기자단과 수행원, 그리고 승무원 한 사람 한 사람의 얼굴을 바라보며 악수를 건네고 미소를 보냈다.

"오늘 잘 부탁드리겠습니다."

짧은 한마디였지만, 스스럼없이 미소를 건네는 모습에 긴장이 스르륵 녹았고 마음도 한결 편안해졌다.

"준비하느라 수고 많습니다. 순방 동안 잘 부탁드리겠습니다."

정중하고도 힘찬 목소리가 모든 사람에게 힘을 북돋아주었다. 그 말의 따뜻함이 기내 전체를 감싸안았고 그 안에 있는 모든 이들의 마음을 따뜻하게 만들었다. 사람들과 간단히 인사와 악수를 나눈 뒤, 대통령께서는 준비된 식사를 드시기 위해 앞쪽 자리로 옮겼다. 그때 막내 승무원이 커피를 서비스하다가 긴장한 나머지 커피 몇 방울을 흰 테이블보 위로 흘리고 말았다. 금세 하얀색 테이블보가 갈색 커피로 물들었고 당황한 승무원이 사과하려는 순간, 대통령은 손사래를 치며 "괜찮습니다. 괜찮아요! 저도 음식 먹으면서 잘 흘립니다!"라고 말했다. 실수를 너그럽게 포용해 주는 그 한마디에 막내 승무원은 긴장이 풀렸고 옆 좌석의 여사님 또한 작게 웃었다.

식사를 마친 후, 비행기 안에서 기자회견이 시작되었다. 기자들이 질문을 던지던 중 다소 공격적인 질문이 나왔다.

"이번 결정이 오히려 국민에게 혼란을 주는 거 아닙니까?"

기내 공기가 순간 멈춘 듯했다. '기분 좋게 출발했는데 왜 저래?'라는 눈빛들이 여기저기 보였다. 하지만 대통령께서는 조금도 당황하지 않고 여유 있게 웃으며 답했다.

"제가 혼란을 드렸나요? 그럼, 오늘도 한 건 했습니다! 기자님들 기삿거리 하나 생기셨네요."

기자석에서 웃음이 터졌고, 기자회견의 분위기가 훨씬 부드러워졌다. 대통령은 이내 차분히 설명을 이어갔다.

"국민에게 혼란을 드릴 생각은 전혀 없습니다. 하지만 새로운 시도라는 것이 때로는 혼란을 야기할 수도 있고, 익숙하지 않은 것만으로도 굉장한 도전이 되기도 하지요. 국민도 처음에는 어색해도, 시간이 좀 지나면 변화의 좋은 점들을 이해해 주실 거라 믿습니다."

그는 유머로 어색한 공기를 부드럽게 만들고, 자세한 설명으로 질문한 기자에 대한 존중을 보여주었다. 말하는 태도란, 결국 그 사람의 내면을 보여주는 것이다. 내면에 어떤 생각과 가치관을 가지고 있는지 자연스럽게 흘러나와 전해지는 것이다. 말의 무게는 그 사람의 권력에서 나오는 것이 아니라 상대를 존중하고 인정하는 태도에서 비롯된다는 것을 다시금 생각해 보게 되었다.

진정한 리더는 큰 목소리로 사람을 다스리지 않는다. 온화한 표정과 조용한 한마디, 차분한 눈빛과 많은 것을 포용하는 침묵, 유연한 대처로 사람의 마음을 품는다. 그분들이 보여준 말하는 태도는 곧 그들이 삶을 대하는 방식이었고, 지금까지 살아온 그분들의 인생 그 자체였다. 권위를 내려놓은 채 인간에 대한 존중을 바탕으로 행동하며 물처럼 겸허한 삶의 자세를 보여준 이분들이야말로 진정으로 본받고 싶은 말하는 태도를 지닌 분들이었다.

"비행기 당장 세워!"
땅콩 하나로 멈춘 비행기

뉴욕 JFK 공항에서 인천으로 향하는 퍼스트클래스 안, 비행기가 활주로를 향해 천천히 움직이자 승무원들이 승객들에게 기내 서비스를 제공하기 시작했다. K항공 부사장은 우아하게 자리에 앉아 있었다. 순간 승무원이 제공한 간식이 그녀의 눈에 띄었다. 마카다미아가 접시에 담겨 있지 않고 봉지째 제공된 것이다. 순간 그녀의 얼굴이 굳어졌다.

"이게 뭐야?"

승무원은 당황했지만 조심스럽게 답했다.

"마카다미아입니다, 부사장님."

그녀는 깊게 숨을 들이쉬고는 날카로운 목소리로 말을 던졌다.

"누가 마카다미아를 몰라서 물어? 나보고 까서 먹으라는 소리냐고! 서비스 매뉴얼도 몰라? 퍼스트클래스 서비스 교육 안 받았어?"

승무원은 당황해 연신 고개를 숙였다.

"죄송합니다, 부사장님. 다시 준비해 드리겠습니다."

그러나 그녀는 멈추지 않았다.

"당장 사무장 불러!"

얼굴이 창백해진 승무원이 서둘러 사무장을 호출했다. 곧 사무장이 다가와 그녀 앞에 섰다.

"너희 교육 이렇게 받았어? 누가 퍼스트클래스 승객에게 봉지째 땅콩 주라고 가르쳤어?"

사무장은 당황한 기색을 감추지 못한 채 상황을 설명하려 했다. 하지만 그녀는 단호했다.

"지금 당장 기내 서비스 매뉴얼 가져와."

사무장은 긴장한 얼굴로 매뉴얼을 가져와 그녀 앞에서 관련 내용을 찾았다.

"뭘 그렇게 한참을 뒤적여! 어디에 나오는지도 못 찾는 거야? 제대로 준비가 안 됐네! 너 같은 애 데리고 비행 못 가! 매뉴얼도 모르는데 뭘 서비스하겠다는 거야? 당장 내려!"

그녀의 말이 비수가 되어 승무원들에게 꽂혔다. 그리고 결정적인 한마디가 나왔다.

"당장 비행기 돌려!"

결국 비행기는 출발 게이트로 되돌아갔고 사무장은 강제로 하차당했다. 승객들은 갑작스러운 회항에 당황했고 항공기가 지연되며 불편을 겪었지만, 그 누구도 이유를 정확히 알지 못한 채 침묵만이 감돌았다. 결국 이 사건은 국제적으로 큰 논란을 불러일으켰다. 대한 민국 재벌 문화와 권력 남용에 대한 비판이 쏟아졌고, 부사장은 각종 매스컴에서 고개 숙여 사죄하며 직위에서 물러났다.

이 사건은 단순한 기내 불만 사항이 아니었다. 그것은 권력을 바탕에 둔 태도로, 우리 사회가 여전히 직면하고 있는 씁쓸한 풍경 중 하나였다. 수백 명의 승객이 탑승한 비행기가 돌아가야 했던 그날, 우리는 한 사람의 말과 행동이 얼마나 큰 파장을 일으킬 수 있는지를 직시했다. 하지만 문득 왜 그녀는 그런 태도를 가지게 되었을까 궁금해졌다. 그녀가 쏟아낸 말은 단순히 날카로운 언어가 아니었다. 그것은 오래전부터 그녀의 내면에 뿌리내린 태도의 흔적이자, 사고방식의 그림자였다. 말은 순간의 감정이 아니라 우리가 어떤 사람인지를 보여주는 삶의 흔적이다.

사람들이 말하는 모습을 가만히 바라보면 그들 나름대로 살아온 흔적이 고스란히 묻어난다. 어떤 이는 말투와 태도 속에 품격과 가치관이 느껴져 존경심이 들기도 하고, 또 어떤 이는 무엇을 가치로 삼고 살아가는지 고개를 갸웃하게 만든다. 누군가의 말 안에는 자신감과 불안, 조급함과 소심함, 그리고 말로 표현하지 못한 속마음까지 고스란히 스며 있다. 말은 드러나는 것보다 표현되지 않은 감춰진 것이 훨씬 더 많다. 진짜 이야기는 거의 언제나 말 너머에 있기 때문이다.

태도는
우리가 걸어온 길을 반영한다

　　　　　사람은 태어날 때부터 특정한 말투나 태도를 지닌 채 세상에 나오는 것이 아니다. 어린 시절에 어떤 풍경을 보고 자랐는지, 누구와 어떤 관계를 맺으며 어떤 경험을 쌓아왔는지, 또 어떤 가치를 마음에 새기고 살아왔는지가 차곡차곡 쌓여 오늘의 태도를 만든다. 결국, 태도는 말과 행동에 스며든 한 사람의 삶의 흔적이다.
　얼마 전 트럼프 2기 취임식이 열렸다. 그의 연설과 행동은 전 세계적인 관심을 모았고, 그가 보여준 태도에도 다양한 평가가 이어졌다. 트럼프는 늘 자신감 넘치고 도전적이며, 때로는 공격적인 태도를 스스럼없이 드러낸다. 그의 강한 태도는 어디서 비롯된 것일까?
　그의 말투와 태도를 이해하려면 어린 시절과 성장 환경을 함께 살펴볼 필요가 있다. 트럼프는 부동산 사업가였던 아버지 밑에서 일찍부터 '승리'의 개념을 배우며 자랐다. 패배를 인정하는 순간 모든 것이 끝난다는, 무조건 이겨야 한다는 사고방식은 그에게 타협보다는 지배의 철학을 심어주었다. 그래서 그는 늘 강인한 이미지를 대중에게 각인시키고자 했고, 연설에서도 확신에 찬 말투와 과감한 제스처로 승리의 메시지를 끊임없이 강조했다.
　그 곁에 함께 선 인물, 일론 머스크는 어떠한가? 테슬라의 주가를 출렁이게 할 만큼 그의 말과 행동은 예측하기 어렵고 종종 위험하게

까지 느껴진다. 하지만 일론 머스크에게도 한 가지 일관된 특징이 보인다. 감정보다 논리를 앞세우는 차갑고 단도직입적인 말투와 태도다. 일론 머스크 역시 그가 자란 환경이 현재의 태도에 깊은 영향을 주었다.

일론 머스크는 남아프리카공화국에서 외롭게 자라며 독립적인 사고방식을 길러야 했다. 친구들과 어울리기보다는 책과 컴퓨터에 빠져 지냈고, 열두 살에 첫 소프트웨어를 판매하며 이른 성공을 맛보았다. 수 차례 실패를 겪었지만, 좌절 대신 더 강한 추진력과 문제 해결 능력을 키워나갔다. 감정보다는 논리를 중시하는 그의 말하기 태도는 타고난 기질적 특성도 있지만, 어린 시절의 따돌림과 상처로부터 자신을 지켜내기 위해 형성된 방어적 성향의 결과일지도 모른다.

트럼프는 "이겨야만 살아남을 수 있다"는 세계관 안에서 자라며 강한 자신감과 우위를 드러내는 태도를 체화했다. 일론 머스크는 철저히 혼자인 시간 속에서 살아남기 위해 감정보다 논리를 앞세우는 냉철한 태도를 만들어냈다. 그의 불안정해 보이는 말투, 때로는 예고 없는 돌발 발언들조차도 어쩌면 오랜 시간 자신을 방어하며 쌓아온 언어 방식일지도 모른다.

그리고 또 한 명, 말의 힘을 누구보다 잘 아는 인물이 있다. 바로 세계적인 그룹 방탄소년단의 리더 RM이다. 그의 말하기는 조용하지만 묵직하고, 겸손하면서도 영향력이 크다. UN 연설에서 "스스로를 사랑하라"는 메시지를 전할 때도, 수많은 팬과의 소통 속에서도 그의 말은 늘 신중하고 진심이 담겨 있었다. 어린 시절부터 그는 혼자만의 시간을 즐기며 책을 읽고, 시를 쓰고, 생각을 정리하는 습관을 가졌다. 이처럼 내면을 들여다보며 사고하고 표현해 온 경험들은 사유 중심의 언어 감각과 배려하는 말 습관을 길러주었다. 무엇보다도 말 한마디가 세계적인 반향을 일으킬 수 있는 위치에 서면서 단어 하나, 표현 하나에 깊은 고민을 담았다. 말은 곧 태도이며, 태도는 곧 그 사람의 무게라는 걸 그는 너무도 잘 알고 있었다. RM의 말투는 그가 걸어온 길, 그리고 그 길 위에서 스스로를 다듬어온 시간의 깊이를 고스란히 담고 있었다.

반대로 비행기 회항 사건의 부사장은 평생 특별한 존재로 대접받으며 자랐다. 어릴 적부터 '권위는 곧 특권'이라는 신념이 자연스럽게 내면화되었고, 결국 타인을 존중하지 못하는 태도로 이어졌다. 비행기 안에서 승객으로 앉아 있었지만, 그녀는 여전히 '내 위에는 아무도 없다'는 권위적인 태도로 행동했다. 그 사건의 본질은 바로 거기에 있다.

사람은 결국 주변 환경과 관계 속에서 태도를 배운다. 타인의 감정을 이해해 본 적 없는 사람은 배려하는 법을 알지 못하고, 존중받은 적 없는 사람은 존중이라는 가치를 삶 깊숙이 새기기 어렵다. 그래서 말하는 태도는 곧 그 사람의 모습이고, 그 모습은 결국 사람과 사람 사이의 관계를 만들고, 그 관계는 인생을 결정짓는다.

하지만 동시에, 우리는 어떤 말을 하고 어떤 태도로 사람을 대할지를 스스로 선택할 수 있다. 우리는 존중받기 위해 존중하는 사람이 될 수 있고, 배려받은 적 없어도 배려할 줄 아는 사람이 될 수 있다. 그것이 바로 성숙한 사람이 가진 태도다. 태도는 과거의 그림자일 수 있지만, 더 중요한 건 지금 이 순간 내가 하는 선택이다. 그 선택이 반복되면 습관이 되고, 습관은 인격이 되며, 결국 인격은 운명이 된다. 태도는 과거를 비추는 거울이지만, 앞으로 내가 만들어갈 삶의 방향이기도 하다.

어떤 사람은 말 한마디로 차가운 공기를 따뜻하게 만들고 누군가의 마음을 감싸안기도 한다. 반면, 또 어떤 사람은 말투 하나로 같은 상황에서 주변을 얼어붙게 만들기도 한다. 상대방의 말하는 태도를 보면 말에 담겨 있는 그 사람의 속내가 엿보인다. 말하는 태도는 절대 단순한 스킬이 아니다. 말의 질감, 말의 결, 말의 감정 속에는 그 사람 내면의 온도와 깊이, 성품과 인생을 살아가는 가치까지 담겨 있으니 말 한마디의 무게가 너무나 무겁다.

이제는 무엇을 말할 것인가보다 어떤 태도로 말할 것인가를 더 고민해야 한다. 말은 곧 태도이고, 태도는 곧 나 자신이다. 그리고 그 태도를 통해 우리는 누군가의 마음에 가닿고 관계를 만들며, 삶을 바꾸어갈 수 있다.

너의
태도가
곧

너의
길이다

태도가 곧 너의 길(VIA)이다

　　　월요일 아침, 출근하자마자 책상에 가방을 내려놓고 한숨을 돌린다. 주말 동안 쌓인 빨래, 밀린 청소, 아이들 숙제까지 챙기느라 진이 다 빠졌는데, 다시 나로 돌아온 느낌이다.
"과장님, 커피 드세요."
옆자리 이 대리가 커피를 건넨다. 웃으며 받았지만, 그녀의 표정은 어딘가 피곤해 보인다. 커피를 휘젓던 그녀가 조심스레 입을 뗀다.
"과장님, 저 주말에 시댁 다녀왔는데요. 아버님이 그러시는 거 있죠. '넌 왜 그렇게 돈, 돈 하며 사냐. 좀 여유 있게 살아라.' 그 말 듣는데 진짜 숨이 턱 막히는 줄 알았어요."

나는 고개를 끄덕이며 그녀의 말을 들었다.

"남편도 옆에서 맞장구를 치더라고요. '그러게. 너무 아끼지 말고 좀 써. 우리 차도 바꿀 때 됐잖아.' 진짜 웃기지 않아요? 애 둘 키우면서 학원비에 월세에 매달 마이너스인데, 걱정하는 건 나뿐이고 다들 돈이 하늘에서 떨어지는 줄 알아요."

그녀는 씁쓸하게 웃었다.

"시댁이 원래 부자였거든요. 강남에 빌딩도 있었대요. 하필 결혼 전에 보증을 잘못 서서 다 날렸다고 하는데, 습관이 남아 그런지, 아직도 사고방식은 부유했던 그때 그대로예요. 지금 우리가 어떤 상황인지는 안중에도 없다니까요."

그녀는 커피를 다 마시고 자리로 돌아갔지만, 그녀의 말이 마음에 오래 맴돌았다. '그 사람은 왜 그런 말을 할까?'를 떠올려보면, 그가 어떤 풍경 속을 지나왔는지 그려진다. 돈에 조심스러운 사람은 돈이 부족했던 날들의 기억이 몸에 배어 있다. 작은 것에 예민한 사람은 그 작은 것 하나가 간절했던 시간을 몸과 정신이 기억하는 것이다.

그날 저녁 회식 자리에서 막내가 아무렇지 않게 휴지를 잔뜩 뽑아 테이블을 닦았다. 그걸 보던 부장님이 무심코 말했다.

"아유, 휴지를 왜 그렇게 많이 뽑아? 아까운 줄 좀 알아야지."

순간, 테이블 분위기가 얼어붙었다. 요즘 세대에게는 예민하게 들릴 수 있는 말이라 속으로 놀라고 있던 찰나, 부장님이 쑥스럽게 웃으며 말을 이었다.

"하하, 내가 습관적으로 말이 튀어나와 버렸네. 집에서도 애들한테 자잘한 것까지 아끼라고 잔소리하다 와이프한테 혼나요. 그런데 이게 다 이유가 있다고. 나 어릴 때만 해도 정말 가난했거든. 부모님 두 분 다 일 나가시고, 동생들과 하루 종일 단칸방에서 지지고 볶고 라면 한 봉지 끓여 나눠 먹던 시절이었으니."

막내는 조용히 고개를 끄덕였고, 나도 부장님의 어린 시절이 이해되었다. 음식을 남긴다는 건 상상할 수도 없는 일이고, 부장님의 절약하는 태도에는 힘들었던 어린 시절의 기억들이 분명 크게 자리 잡고 있었을 것이다. 오랜 시간 익숙해진 그의 결핍과 행동 습관은 마치 그의 신념처럼 말로 표현되었다.

말은, 그저 말이 아니다. 그것은 한 사람이 살아온 삶의 궤적이고 그가 자라온 환경이 투영된 길이다. 그리고 그 길은, 그 사람만의 방식으로 세상과 관계를 맺으며 말하는 태도로 드러난다.

태도를 구성하는 세 가지

한 사람의 말투, 표정, 눈빛, 그리고 무심코 내뱉은 한마디는 하루아침에 만들어진 것이 아니다. 태도란 그저 말버릇이나 예의범절 같은 표면의 문제가 아니다. 그건 한 사람이 살아온 시간과 경험이 켜켜이 쌓여 내면 깊은 곳에 뿌리를 내리고 말과 행동이라는 가지로 뻗어나가 연둣빛 새잎이 돋아나는 일종의 '삶의 흔적'이다.

왜 어떤 사람의 말은 무게감이 느껴지고, 어떤 사람의 말은 가볍게 흩어질까? 왜 어떤 사람은 몇 마디 말로도 신뢰를 주고, 또 어떤 이는 많은 말을 해도 공감을 얻지 못할까? 이 질문에 대한 해답은 말 너머에 있는 그 사람의 태도에 있다. 나는 그 태도를 구성하는 핵심 흐름을 VIA라는 개념으로 정리했다.

VIA란 우리의 말하는 태도를 구성하는 세 가지 축이다.

- **V**(Value): 내가 믿고 따르는 삶의 철학, 내면의 가치
- **I**(Influence): 나를 둘러싼 환경, 관계, 경험으로부터의 영향
- **A**(Action): 겉으로 드러나는 말투, 표정, 행동의 방식

이 세 가지는 따로 떨어진 요소가 아니라 끊임없이 맞물려 돌아가는 체계다. 내가 어떤 가치를 품고 살아왔는지(Value), 어떤 관계와 환경 속에서 그 믿음이 강화되고 영향을 받았는지(Influence), 그리고 그것이 지금 나의 말과 행동으로 어떻게 표현되는지(Action). 이 VIA의 흐름이 말하는 태도를 결정짓는다. 또한 말하는 태도는 우리가 누구인지를 말해주는 가장 선명한 언어이기도 하다.

부장님의 말을 VIA 구조로 들여다보면 그 뿌리는 가난했던 어린 시절의 기억 속에 있다. 아끼고 절약해야 한다는 절약의 가치(V)는 어린 마음에 깊이 각인되었고, 가족을 책임지는 가장으로 살아가면서 그 가치는 더 단단해졌다(I). 결국 그는 집 안 곳곳을 돌며 "보일러는 23도 이상 올리지 마라", "불 잘 끄고 다니랬지?"라고 말하는 자신

을 발견하게 된다. 말과 행동(A)은 단순한 습관이 아니라 그가 지나온 삶의 궤적에서 자연스럽게 형성된 결과였다.

반대로 이 대리의 시부모님이나 남편처럼 경제적으로 넉넉한 환경에서 자란 사람들은 "옷은 백화점에서 입어보고 사야지", "여기는 왜 발렛 서비스가 없어?", "외식하면 이 정도 식당은 가야 하지 않나?"처럼 어느 정도의 비용이 당연하다는 인식과 생활패턴의 가치를 내면화한다. 부족함을 겪어본 적 없는 환경에서 성장했기에 풍요로운 삶이 자연스러운 것이다. 이러한 배경은 현실과 괴리가 있는 말 표현을 낳기도 하고, 현재 가족의 재정 상황을 있는 그대로 받아들이지 못한 채 주변과 갈등을 빚기도 한다. 서로 다른 배경은 결국 삶을 바라보는 태도 또한 다르게 만든다.

고 노무현 대통령의 태도는 그 대비를 더욱 극명하게 보여준다. 그는 자전 에세이 《여보, 나 좀 도와줘》에서 가난의 상처는 어떻게 해서라도 가난에서 벗어나야겠다는 열망과 함께, 모두가 가난하지 않은 세상을 만들고 싶다는 막연한 꿈을 동시에 심어주었다고 회고했다. 가난은 그에게 열등감을 안겨주었지만 동시에 더 나은 세상을 꿈꾸게 한 스승이기도 했다.

그 경험은 '사람이 사람답게 사는 세상'을 추구하는 뿌리 깊은 가치(V)를 심어주었고, 인권 변호사로 활동하며 약자를 이해하고 존중하는 태도는 그의 삶 속에서 더욱 견고해졌다(I). 그래서 그는 말보다 행동으로, 권위보다 겸손으로 국민 앞에 섰다(A). 그 깊이에서 우러나온 태도는 시대를 뛰어넘는 울림으로 우리에게 전해졌다.

반면, 비행기 회항 사건의 부사장은 정반대의 궤적을 보여준다. "내 위에 사람 없다"는 오만은 하루아침에 생긴 것이 아니다. 어릴 적부터 권력 중심적 위계 문화에서 자랐고, 지위와 재산이 곧 사람의 가치(V)인 것처럼 여겨졌던 가정환경(I)은 "나는 특별하다"는 왜곡된 자기 인식과 타인에 대한 무시로 이어졌다. 그녀의 말과 행동(A)은 결국 사회적 공감대를 잃고, 비판의 중심에 설 수밖에 없었다.

이처럼, 우리가 말하는 방식이나 사람을 대하는 태도는 우연히 만들어지지 않는다. 어릴 적 자라온 환경과 삶으로부터의 영향, 그리고 내면에 자리 잡은 가치가 서로 얽히며 결국 머리부터 발끝까지 나의 말과 행동으로 드러나는 것이다.

사람은 본능적으로 익숙한 것에서 안정감을 느낀다. 가정환경, 부모의 말투, 형제자매와의 관계는 알게 모르게 사고방식과 행동양식에 영향을 준다. 그래서 대부분은 그것이 당연하다고 여기며, 특별히 다르다고 인식하지 못한 채 살아간다.

하지만 이러한 '익숙함'은 때때로 가장 교묘한 함정이 되기도 한다. 무언가를 당연하게 받아들이는 순간, 다른 가능성에 눈을 감게 되기 때문이다.

예를 들어, 연예인 김종국을 보면, 그는 절약왕이라는 별명으로 불릴 정도로 검소한 생활 태도를 가지고 있다. 에너지 절약은 기본이고, 휴지 한 칸까지 아껴 쓰는 그의 행동은 보통 사람들과는 다소 다르다. 이러한 태도는 단순한 개인 성향이 아니라 어릴 적 아버지로부터 보고 들으며 체득한 가치관에서 비롯된 것이다. 김종국에게는 자신의 절약 방식이 너무도 익숙하고 자연스럽기에, 자신과 다른 소비 습관을 볼 때 이해가 되지 않고 낭비로 느껴질 수 있다.

문제는 자신의 익숙한 기준을 절대적으로 옳다고 착각하게 될 때 발생한다. "치약은 반 잘라서 안 나올 때까지 쓰는 게 당연한 거 아니야?", "어떻게 불을 안 끄고 나갈 수가 있지?" 등 자신의 생각이 보편적이라고 강요하는 사고는 스스로를 가두는 벽이 되며, 상대와 의견 차이를 만들 수밖에 없다.

자신의 익숙함을 한 번쯤 의심해 보고 '나는 왜 이렇게까지 행동하는 걸까?', '혹시 이건 조금 과한 건 아닐까?'처럼 나를 돌아보는 질문을 던질 수 있다면, 그것은 나와 상대를 이해하는 출발점이 된다.

이때 VIA는 겉으로 드러나는 태도와 행동이 어떤 과정을 거쳐 형성되었는지를 알려주는 설명서와 같다. '아, 내가 자라온 환경 때문에 이 부분에서 유독 민감하게 반응하는구나. 절약하는 삶이 중요하고 필요한 건 분명하지만, 가위로 잘라 남은 로션까지 다 쓰지 않는다고 그렇게 몰아세울 일은 아니었어'라는 깨달음이 있어야 한다.

사람들은 말로는 "변화하고 싶다"라고 하지만, 실제로는 익숙한 틀 안에 머물려고만 한다. 그러나 진정한 변화는 익숙함을 내려놓고, 스스로를 객관적으로 바라보며 인정하는 용기에서 시작된다.

VIA는 말 이면의 진짜 나를 비추는 거울이자 내가 걸어온 삶의 방향을 보여주는 인생 지도다. 우리는 말이 아닌 내면을 가꾸는 데 힘써야 한다. 내면이 단단해지면 말은 저절로 깊어지고, 행동은 자연히 뒤따른다. 결국, 사람을 가장 빛나게 하는 건 유창한 말솜씨가 아니라 말없이도 느껴지는, 그 사람만의 진심 어린 태도다. 삶을 대하는 태도가 곧 인생을 만든다.

VIA가
당신의 태도를 결정짓는 이유

V (Value): 태도의 뿌리는 내면의 근원에 있다

일론 머스크는 외로운 유년 시절을 보냈다. 그는 가정에서도, 학교에서도 따뜻한 보호를 받지 못했다. 한 인터뷰에서 "내 아버지는 악마이자 끔찍한 인간 말종이다"라고 말하며 눈물을 보이기까지 했을 정도로 정서적 학대와 폭력 속에서 자랐다. 그는 친구들의 따돌림과 폭행, 부모의 이혼, 그리고 깊은 외로움을 견디기 위해 하루 종일 독서에 몰두했고, 때로는 공상에 잠기곤 했다. 의지할 곳 하나 없던 힘겨운 유년 시절은, 어떤 상황에서든 살아남고 버텨내야 하며, 이유를 따지기보다 먼저 해결책을 찾는 태도를 그의 안에 깊이 심어주었다.

도널드 트럼프는 아버지에게서 강한 승부욕을 배웠다. 패배는 곧 실패라는 신념이 그의 태도를 지배하게 됐다. 상대를 이겨야만 가치가 있다는 믿음이 그의 정치적 태도를 형성했다. 권위적인 말투, 의도적인 악수, 표정과 자세는 많은 것을 의미한다.

이처럼 태도의 근본은 내면의 가치에서 출발한다. 가치는 단순한 신념을 넘어 우리가 세상을 바라보는 방식이자 삶의 방향성을 결정하는 내면의 나침반이다. 여기에는 우리가 중요하게 여기는 원칙과 가치뿐 아니라 타고난 성격과 기질도 포함된다. 어떤 사람은 도전을 즐기는 성향을 타고났고, 어떤 사람은 안정과 조화를 우선시한다. 외향적인 사람은 사람들과 교류하면서 활력을 얻고, 내향적인 사람은 조용한 관찰자가 되는 걸 선택한다. 이러한 기질과 성격 또한 내면의 가치를 형성하는 데 큰 영향을 미친다. 똑같은 상황에서도 다른 것을 볼 수 있고, 다르게 말하고, 다른 방식으로 반응하게 된다.

I (Influence): 사회적 관계와 환경이 태도를 조각한다

태도는 혼자서 형성되지 않는다. 사람은 늘 주변 사람들과 환경의 영향을 받으며 살아간다. 예를 들어, 회사에서 신입 사원일 때는 조심스럽고 눈치를 보던 사람이 팀장이 되면 말투, 표정, 자세까지 달라진다. 역할이 바뀌면 그에 맞는 태도가 자연스럽게 뒤따르기 때문이다. 우리의 태도는 개인적인 신념이나 성격에서 출발하지만, 실제로는 가족, 직장, 친구, 문화 같은 주변 환경 속에서 다듬어진다.

회의 시간, 어떤 사람은 '이런 걸 말해도 되나. 다들 아는 거겠지'라고 망설이며 말을 아끼고, 또 어떤 사람은 "저는 이렇게 생각하는데요"라며 별것 아닌 의견도 자연스럽게 꺼내며 자신 있게 주장한다. 이는 타고난 성향 차이일 수도 있지만, 한편으로는 의견을 말할 때마다 긍정적 호응과 지지를 받아온 사람과 작은 의견에도 무시와 핀잔, 비판을 경험한 사람 간의 차이일 수도 있다.

우리가 자녀를 키울 때도 이런 차이는 뚜렷하게 드러난다. 어떤 부모는 아이가 물건을 떨어뜨리거나 옷에 음식물을 흘려도 "괜찮아, 닦으면 되지"라며 가볍게 웃어넘긴다. 반면, 어떤 부모는 "왜 그렇게 조심성이 없어? 몇 번을 말해야 알아들어?"라며 날카롭게 다그친다. 학교에서 돌아온 아이에게 하나하나 캐묻듯 질문하거나 "그 친구는 왜 그러는 거니? 가까이하지 마!"라며 타인을 비난하고 매사에 비판적인 태도를 보인다면, 아이는 친구를 신뢰하지 못하거나 쉽게 남 탓을 하는 습관을 갖게 될 수 있다. 부모의 양육 태도는 아이의 성격 형성과 가치관에 깊은 영향을 미친다.

아이의 말투는 부모의 태도를 닮고, 아이의 시선은 부모의 말 속에서 자란다. 우리의 태도는 개인적인 신념과 타고난 성격 속에서 시작되지만, 주변 환경과 사회적 기대 속에서 전혀 다른 모습으로 다듬어지는 것이 분명하다.

A (Action): 태도는 행동으로 증명된다

가치는 내면에서 시작되고, 환경은 내면을 다듬지만, 상대방이 그 내면을 알아차리게 만드는 것은 바로 행동이다. 긍정적인 태도를 가지기 위해서는 단순히 마음속으로 긍정적인 생각만 하는 것으로는 부족하다.

삶의 다양한 상황 속에서 말과 행동으로 긍정이 드러날 때, 비로소 긍정적인 사람이 된다. 스티브 잡스 역시 마찬가지였다. 그는 단순히 혁신을 중요하다고 말한 것이 아니라 매 순간 혁신적인 태도를 행동으로 실천했다. 스티브 잡스는 'Think Different'라는 슬로건을 통해 세상을 바꾸는 것은 다른 생각과 그 생각을 행동으로 옮길 용기를 지닌 사람들이라는 신념을 드러냈다. 잡스는 디자인 하나, 광고 문구 하나에도 직접 참여하면서 자신의 가치를 녹여냈다. 그의 태도는 결코 머릿속 생각에 머물지 않았다. 자신의 신념을 구체적인 선택과 실행을 통해 세상에 보여주었고, 그 태도가 곧 애플이라는 브랜드의 본질이 되었다.

결국, 태도란 마음속에만 머무는 것이 아니라 삶을 통과해 드러나는 행동이어야 한다. 진짜 태도는 말보다 그 사람이 어떻게 살아내는가를 통해 비로소 드러나는 법이다. 태도는 우리가 살아오며 쌓아온 가치(Value), 주변 환경과 기대 속에서 받은 영향(Influence), 그리고 그것을 행동으로 옮기는 실천(Action) 속에서 만들어진다. 당신의 태도가 당신의 길(VIA)을 만들고, 그 길이 곧 당신을 말해준다.

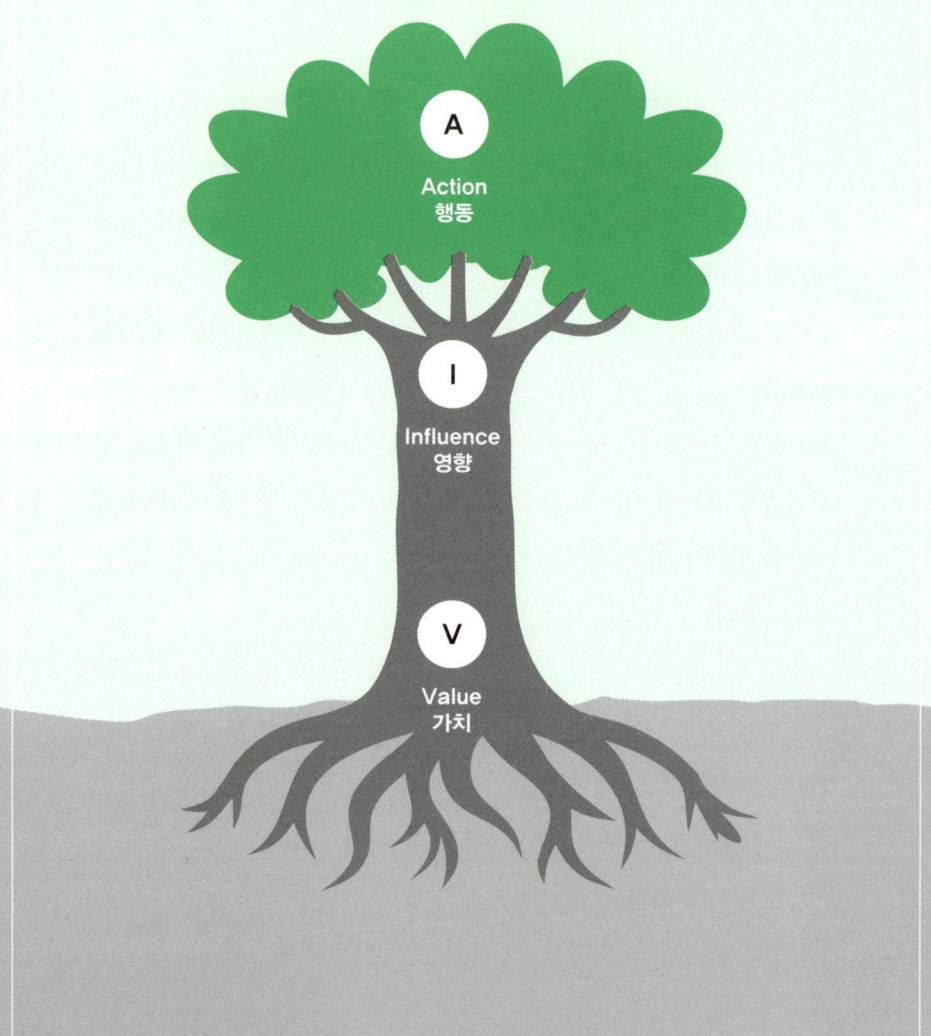

내 인생의 VIA

"나의 말하는 태도와 내면의 뿌리를 찾는 워크시트"

V Value 내면의 가치 찾기

가치 단어 중 '내 인생에서 가장 중요한 가치' 5개를 찾아보고, 나의 말과 행동을 결정하는 내면의 기준을 생각해 보자.

 가치 단어

가족	사랑	건강	성실	정직
책임	감사	배려	신뢰	용기
도전	성장	배움	자율성	안정
자기개발	긍정	진정성	자기수용	겸손
열정	협력	공정	정의	존중
평화	리더십	창의성	유머	희망
원칙	성취	기여	지혜	봉사
소통	친절	관용	신앙/영성	자기통제
의리	효율	혁신	자유	인내
지식	신중함	명예	성취감	감정균형

• **내게 중요한 가치 5가지**

_____ , _____ , _____ , _____ , _____

그중, 내가 삶에서 가장 중요하게 생각하는 가치는 _____ 이다.

I Influence   사회적 관계와 환경 돌아보기

유년 시절 부모의 양육 태도와 경험이 지금의 말하는 태도나 감정 표현 방식에 어떤 영향을 주었는지 생각해 보자.

✦ 부모와의 관계

나는 어린 시절 _____ 아이였다.
나의 부모님은 나를 _____ 키우셨다.
그 영향으로 나는 _____ 있다.

> 예시

나는 어린 시절 <u>실수를 두려워하고 눈치를 많이 보던</u> 아이였다.
나의 부모님은 나를 <u>정해진 기준 안에서 올바르게</u> 키우셨다.
그 영향으로 나는 <u>지금도 말할 때 조심스럽고, 감정을 숨기려는 경향이</u> 있다.

✦ 사회적 관계

나는 주위 사람들로부터 _____ 얘기를 많이 듣는다.
그래서 나는 사람들과 있을 때 _____ 하려고 노력한다.
하지만 가끔은 _____ 나 자신을 발견하곤 한다.

> 예시

나는 주위 사람들로부터 <u>분위기를 살피는 사람이라는</u> 얘기를 많이 듣는다.
그래서 나는 사람들과 있을 때 불편함이 생기지 않도록 조심하려고 노력한다.
하지만 가끔은 <u>내 마음을 숨긴 채 맞추기만 하는</u> 나 자신을 발견하곤 한다.

A Action 말과 행동 살펴보기

나의 말과 행동을 통해 내가 지닌 내면의 가치가 전달된다. 또한, 사람들은 겉으로 드러나는 나의 말하는 태도로 나를 바라본다. 지금의 나를 표현하는 문장으로 완성해 보자.

나는 대체로 _____ 사람이다.
그래서 사람들은 나를 _____ 라고 한다.
앞으로는 _____ 하고 싶다.

> 예시

나는 대체로 <u>핵심만 간결하게 말하려는</u> 사람이다.
그래서 사람들은 나를 <u>명확하지만 때로는 냉정한 사람이</u>라고 한다.
앞으로는 <u>조금 더 따뜻한 어조로 소통</u>하고 싶다.

말하는
태도는
어떻게

형성
되는가?

Part
2

말은 내 안에서 시작되지만, 결국 상대에게 닿기 위해 존재하는 것이다. 그러니 "나는 원래 이런 사람이야"라는 말로 나를 가두지 말자. 그 말은 자기 이해의 언어일 수 있지만, 동시에 가능성을 가두는 말이 되기도 한다.

내면의
가치,
Value

"난 원래 이런 사람이에요!"
성격이 만든 말하는 태도

회사를 다니거나 사람들과 대화를 하다 보면 말하는 기술이 필요할 때가 있다. 자신의 의견을 내세우기 위해, 능력을 보여주기 위해, 역량을 높이기 위해 톤을 바꾸고, 표정을 바꾸고, 말을 고치려 한다. 하지만 정말 중요한 건 겉모습이 아니다. 진짜 중요한 건, 그 말이 어디서부터 시작되었는지를 아는 것이다. 내면 깊은 곳, 내가 무엇을 중요한 가치로 믿고, 어떤 삶을 살아왔으며, 어떤 기준으로 세상을 바라보는지가 말투 너머의 태도를 만든다. 그 사람이 품고 있는 내면의 가치, 그것이 태도의 뿌리다.

한동안 MBTI가 폭발적인 인기를 끌었다. 누군가를 만나면 "MBTI가 뭐예요?"가 인사처럼 오갔고, 대화는 금세 "저는 T인데, F죠? 그럴 줄 알았어요" 하는 식으로 이어졌다. 그 시기에 여러 기업체에서 MBTI 진단과 함께 커뮤니케이션 강의를 해달라는 요청이 많았다. 그래서 다양한 사람들과 함께 검사를 해보고, 각자의 유형을 들여다보며 성격 특성을 이야기하는 시간을 자주 가지게 되었다.

놀라운 건, 대부분의 사람이 자신의 성격 유형을 설명할 때 어딘가 단정적이고 체념하는 태도를 보인다는 점이다.

"저는 원래 말수가 적은 편이에요."

"저는 계획 없는 걸 못 참아요."

"제가 좀 꼼꼼하고 예민하긴 해요."

어찌 보면 자신에 대해 깊이 알고 이해하는 것 같지만 때로는 성격이라는 고정된 프레임에 자신을 가두는 것 같았다. 물론 사람마다 타고난 성격과 기질은 분명히 존재한다. 어떤 사람은 사람들과 어울리는 것을 즐기며 낯선 이에게도 자연스럽게 말을 거는 반면, 어떤 사람은 혼자만의 시간을 소중히 여기고 누군가에게 먼저 다가가기까지 마음의 준비가 필요하다.

이러한 기질의 차이는 우리가 일상에서 사용하는 말투나 편안하게 느끼는 표현 방식에도 뚜렷이 드러난다. 동일한 상황을 겪고 같은 내용을 말하더라도, 사람마다 그 말이 전해지는 온도와 방식은 전혀 다르다. 말에는 마음이 드러난다.

만약 고객에게 차량을 판매하는 직원이 감정형(F)이라면 어떨까? 비 오는 날 매장 문을 열고 들어오는 고객님의 젖은 어깨가 먼저 눈에 들어올 수 있다. 그는 차량의 스펙이나 조건을 설명하기에 앞서 고객의 상황과 눈빛, 표정, 옷차림 등 전반적인 분위기를 자연스럽게 먼저 살핀다.

"밖에 비가 많이 오는데, 오시느라 힘드셨죠? 우산은 이쪽으로 보관해 드릴게요."

"요즘 날씨가 너무 덥죠. 이렇게 더운 날인데도 방문해 주셔서 감사드립니다. 시원한 아메리카노 한잔 드시겠어요?"

감정형 직원의 말하는 태도는 언제나 사람을 향해 있다. 차에 대한 설명도 이 차가 고객의 라이프스타일에 얼마나 잘 어울리는지를 그림 그리듯 자연스럽게 이야기한다. 고객은 상담을 받는다기보다 따뜻한 환대를 받고 있다는 느낌을 받을 것이다.

반면, 사고형(T) 직원은 시작부터 다르다. 그는 고객의 감정보다 정확한 정보 제공을 더 중요하게 생각한다.

"오늘 3시에 예약해 주신 고객님이시죠? 반갑습니다."

"○○차량 생각하고 계신가요? 이 차량은 연비가 ○○○이고, 풀옵션으로 하시면 가격이 ○○○입니다. 현재 할인 프로모션이 적용되어, 실 구매가는 300만 원 정도 낮아진 상태입니다."

그의 말은 정확하고 논리적이다. 모호한 표현이나 감정적인 언급 없이, 고객이 객관적으로 판단할 수 있도록 수치나 성능을 비교해 준다. 그런 말투는 신뢰감을 줄 수 있지만, 때로는 로봇 같은 느낌을 줄 수도 있다. 고객이 어떤 성향인지에 따라 감정형 직원의 응대가 호감이 갈 수도 있고 사고형 직원의 응대를 더 편안해할 수도 있다.

내향형은 조용히 다가가며, 외향형은 다소 적극적이고 열성적인 경향이 있다. 감정형은 사람을 중심에 두는 말을, 사고형은 논리를 중심에 둔 말을 구사한다. 누구의 말하는 태도가 더 옳고, 누구의 것이 더 좋은 건 없다. 다만 중요한 건, '나는 왜 이렇게 말하는 걸까? 나는 왜 이런 부분을 그냥 넘기지 못할까?' 하는 부분들을 인지하는 것이다. 타고난 성격은 우리가 선택한 것이 아니지만, 내 성격을 이해하고 상대방과 맞춰 조율해 나가는 건 우리가 선택할 수 있는 일이기 때문이다.

그리고 진짜 성숙한 말하기는 여기서 한발 더 나아간다. 내가 어떤 성향인지를 이해하는 동시에, 상대의 성향을 고려하며 다가서는 방법을 선택하는 것이다. 예를 들어, 사고형(T) 성향이 강한 직원이 감정형(F) 고객을 응대한다면, 지나치게 논리적인 설명을 길게 늘어놓는 것이 결코 도움이 되지 않는다는 점을 이해해야 한다. 아무리 정교한 논리로 차량의 이점을 설명한다 해도, 그 설명이 지루하거나 아무 감흥 없이 들릴 수 있다. 오히려 긴 대화보다 차량을 직접 체험해 보거나 차량에 담긴 브랜드 이미지나 스토리를 부각시켜 설명하는 것이 훨씬 재미있고 고객의 마음을 사로잡을 수 있는 포인트일 수 있다.

반대로 감정형 직원이라도 고객이 사고형이라는 걸 알아챘다면,

감정적이고 추상적인 표현으로 설명하기보다 정확한 근거와 데이터를 기반으로 비교 분석한 자료를 제시하거나 고객이 원하는 구체적인 설명을 덧붙이는 노력이 필요하다. 이처럼 말이 마음을 담는 그릇이라면, 그 마음이 제대로 전해지도록 말의 형식을 상대에게 맞춰 전하는 노력이 필요하다.

말은 내 안에서 시작되지만, 결국 상대에게 닿기 위해 존재하는 것이다. 그러니 "나는 원래 이런 사람이야"라는 말로 나를 가두지 말자. 그 말은 자기 이해의 언어일 수 있지만, 동시에 가능성을 가두는 말이 되기도 한다. 내 말하는 태도가 어디에서 비롯되었는지를 이해하고, 타인의 성향을 존중하며 소통할 때, 말은 기술을 넘어 마음에 닿는 태도가 된다.

말하는 태도는 결국 삶의 발자국이다

부산에서 출발해 일본 후쿠오카로 향하는 짧은 국제선. 기내는 만석이었고, 비행기 뒤편에는 술 냄새가 코를 찌르는 한 무리의 남자 손님이 있었다. 그들 중 한 명이 붉게 달아오른 얼굴로 소리를 지르며 승무원을 불러댔다.

"술 갖고 와! 어차피 공짜인데, 다 마시고 내려야지! 빨리!"

그날은 친한 동기와 함께 비행에 오른 날이었다. 비행기 뒤쪽 자리를 맡은 동기는 평소처럼 고객에게 다가가 친근한 서비스로 응대하고 있었다. 하지만 그날은 다른 날과는 조금 달랐다.

"야, 맥주 하나 더 갖고 오라니까!"

5분 뒤, 또 호출 버튼이 울렸다.

"하나 더! 아니, 줄 거면 한꺼번에 주던가! 그게 그렇게 아까워?"

또 5분 뒤, 다시 버튼이 울렸다. 동기는 조심스럽고 정중하게 말했다.

"손님, 조금 취하신 것 같은데 괜찮으실까요? 비행기는 고도가 높아서 술이 더 빨리 취할 수 있거든요."

그러자 그가 소리쳤다.

"네가 내 주량을 알아? 그런 건 걱정 말고 술이나 더 갖고 와! 내가 마시겠다는데 감히 나를 말려?"

마지막으로 그녀는 말했다.

"죄송하지만, 더 이상 제공해 드리기 어려운 상황입니다."

그 말이 끝나기도 전에 그 남자는 다른 승객들이 모두 보고 있는 앞에서 그녀의 뺨을 때리고 침을 뱉었다. 기내는 정적에 휩싸였고, 그녀는 볼을 움켜쥔 채 멍하니 서 있었다. 손은 균형을 잃고 흔들렸고 입술은 말없이 떨렸다. 남자 승객 한두 분이 말리기 위해 자리에서 일어섰고 나도 그 자리로 달려갔다. 기장이 즉시 상황을 통제했고, 착륙 후 해당 승객은 경찰에 인계되었다. 회사 측에서는 동기를 위로하며 "법적으로 도와줄 테니 소송하세요"라고 말했지만, 그녀는 조용히 고개를 저었다.

"고소 못 하겠어요. 더 이상 엮이고 싶지 않아요. 알고 보니까 그 사람들 깡패 조직이더라고요. 이상한 일 생기면 어떡해요."

며칠간 병가를 낸 그녀는 이내 평소처럼 유니폼을 입고 복귀했다. 겉으로는 아무 일 없던 사람처럼 보였지만, 그날 이후로 그녀의 태도는 달라졌다. 그녀는 손님들에게 다가가 말을 건네기보다 거리를 두는 쪽을 택했다. 동기는 그 누구보다도 적극적이고 친밀하게 손님에게 다가가는 승무원이었다. 때로는 딸처럼, 때로는 손녀처럼 손님들과 친근한 대화를 나누곤 했다.

"어르신, 도착하시면 제일 먼저 뭐 하실 거예요? 누가 마중 나오나요?"

"저희 저 커튼 뒤에 있으니까요. 심심하시면 언제든 놀러오세요."

그녀의 말은 마음에서 우러난 말이자 정이 담긴 말이었다. 하지만 그렇게 따뜻하게 말을 건네던 그녀는 그날 이후 더 이상 예전처럼 손님에게 다가가지 못했다. 체격이 큰 남자 승객만 봐도 심장이 두근거렸고 목소리가 잘 나오지 않았고 눈조차 마주치기 힘들어했다. 예전 같으면 웃으며 건넬 수 있었던 말도 이제는 목 끝까지 올라왔다가 이내 삼켜버리기 일쑤였다. 그녀는 더 이상 웃으며 "필요하시면 언제든 말씀해 주세요"라는 말을 하지 못했다. 대신 꼭 필요한 말만 조용히 형식적으로 말하곤 했다.

안타깝게도 그날의 경험은 단지 상처로 끝나지 않았다. 그녀가 세상을 대하는 방식, 사람과 말을 나누는 태도 자체를 바꿔놓았다. '괜히 나서지 말자', '필요한 일만 하면 돼. 괜한 말 붙이다가 또 무슨 일이 생길지 몰라' 등 그녀 안에는 조심스러운 믿음이 자랐고, 그 믿음은 말투를 바꾸고, 말투는 눈빛과 행동까지도 바꾸었다. 그녀는 더 이상 예전의 그녀가 아니었다. 결국, 그날의 기억을 떨쳐내지 못한 동기는 유니폼을 벗고 회사를 떠났다.

이 이야기는 단지 하나의 사건이 아니다. 한 사건이 어떻게 한 사람의 내면을 바꾸는지, 그리고 그 변화가 말투와 행동, 나아가 삶의 방향에 얼마나 큰 영향을 미치는지 보여주는 아주 현실적이고 조용한 변화에 대한 이야기다.

사람은 누구나 타고난 성격을 지닌 채 살아간다. 하지만 그 성격은 언제나 똑같이 유지되지 않는다. 삶 속에서 마주하는 경험들, 특히 감정의 상처가 깊은 사건들은 우리가 세상을 대하는 방식을 서서히 깊게 바꿔놓는다. 사람의 변화는 종종 조용하다. 하지만 그 조용함 속에 말투가 달라지고 거리가 생기며 삶의 방향까지 바뀐다. 그 변화는 조용하지만 깊고 슬펐다.

한 기업체에서 부장님 한 분을 만난 적이 있다. 그는 늘 조심스럽게 말했다. 목소리는 낮았고, 말끝은 항상 흐렸다. 어느 자리에서도 튀지 않고, 갈등이 일어날 조짐이 보이면 대답을 피했다. 겉으로 보기에는 차분하고 성숙해 보였지만, 약간 우유부단했고, 이상할 정도로 누군가의 눈치를 보는 듯했다. 어느 날, 사내 워크숍 중 점심을 함께 먹으며 그가 무심코 본인의 이야기를 꺼냈다.

"어릴 적, 저희 집은 늘 전쟁터였어요. 부모님이 싸우실 때는 집 안의 물건들이 다 날아다녔고, 말보다 욕이 먼저 나왔죠. 그래서 전 늘 조용한 아이였어요. 눈치껏 알아서 행동하고, 조용히 움직이고, 뭐든지 잘 참아요. 싸움이 날까 봐, 내가 무슨 말이라도 꺼내면 분위기를 망가트릴까 봐. 솔직히 지금도 조금만 목소리가 높아지면 가슴이 먼저 뛰어요."

그 순간, 퍼즐처럼 그림이 맞춰졌다. 회의 중 누군가 목소리를 높이면, 그는 자리를 피하곤 했다. 중요한 발표를 앞두고 아무래도 실수를 할까 봐 걱정된다며 연신 원고를 고쳐 쓰곤 했다. 그의 말투 속에 밴 망설임은 단순한 말재주 부족이 아니라 오랜 두려움의 그림자였다. 그에게 말은 '표현'이 아닌 '위협'이었던 경험이 더 많았던 것이다. 그래서 그는 늘 말하기 전에 머릿속으로 수십 번의 시뮬레이션을 돌렸다. 이 말이 혹시 누군가를 자극하지는 않을까, 내 말이 갈등을 부르지는 않을까. 그의 말투가 조심스러웠던 건 폭력적인 언어를 조용히 견뎌낸 삶의 기억이 숨어 있었기 때문이었다. 말하는 태도는 우리가 어떤 모습으로 살아왔는지를 말해주는 삶의 발자국이다.

생각의 틀,
당신은 어떤 프레임을 쓰고 있나요?

오랜 시간 다양한 기업과 조직에서 소통 교육을 진행해 왔지만 병원에서의 교육만큼은 늘 다른 마음가짐으로 임하게 된다. 특히 중증 환자를 대하는 종합병원에서 근무하는 분들을 만날 때면 그 무게감은 더욱 깊어진다.

예전에 국립암센터에서 교육을 진행한 적이 있었다. 그곳은 단순한 감기나 가벼운 증상이 아니라 삶과 죽음의 경계에 선 환자들을 맞이하는 곳이었다. 그곳에는 몸과 마음이 지친 환자들, 그들을 돌보는 의료진들, 그리고 하루하루를 간절히 버텨내는 보호자들의 눈물이 뒤섞여 있었다.

병원이라는 공간은 언제나 감정의 살얼음판 위에 놓여 있다. 환자의 불안, 보호자의 초조함, 의료진의 긴장감이 뒤엉킨 이곳에서는 말한마디, 몸짓 하나에도 쉽게 마음이 다친다. 아주 사소한 표현이나 무심한 표정, 말투 하나가 뜻밖의 오해를 부르기도 한다. 그렇기에 병원은 감정을 가장 섬세하게 다뤄야 하는 곳이기도 하다. 사랑하는 가족의 생사가 걸린 일이다 보니 사람들은 쉽게 평정을 잃는다. 작은 말투나 무의식적인 행동이 누군가의 감정을 자극하고 상처로 남을 수 있다.

그 복잡하고 예민한 감정의 한가운데에서 하루에도 수십 번씩 그 감정을 마주하고 받아내는 사람들이 있다. 바로 병원에서 일하는 직원들이다. 그들 역시 우리 같은 사람이고, 감정을 지닌 존재다. 매일 아픈 환자와 불안한 보호자 사이에서 자신의 감정을 눌러가며 흔들리는 마음을 다잡고 맡은 일을 묵묵히 이어간다. 하지만 익숙해진다고 해서 상처가 사라지는 것은 아니다. 해결되지 않은 감정은 차곡차곡 쌓이고, 보이지 않는 감정의 골이 깊어진다.

그래서 병원에서의 교육은 이론을 전달하는 데서 그치지 않는다. 환자의 감정을 이해하는 법뿐 아니라 매일 감정의 파도 속에 서 있는 의료진이 자신의 마음을 돌보는 방법까지 함께 알려주고자 했다. 말은 환자와 보호자에게 치료제가 될 수도 있지만, 또 다른 상처가 될 수도 있기 때문이다.

이를 위해 교육 현장에서는 실제 병원에 접수된 VOC(고객의 소리) 사례를 바탕으로 역할극을 진행한다. 간호사, 의사, 행정 직원의 역할을 나누고, 맞은편에는 환자와 보호자 역할을 맡은 동료가 앉는다. 진료실처럼 마주 앉아 말을 주고받으며, 눈빛과 말투, 태도를 최대한 실감 나게 재현한다. 그 과정에서 직원들은 말 한마디가 상대의 마음에 어떻게 가닿는지를 온몸으로 체감한다. 그리고 역할을 바꿔보는 순간, 비로소 알게 된다. 말을 건네는 사람의 의도보다 그것을 받아들이는 사람의 감정이 얼마나 중요한지를.

예를 들어, 한 병원 교육에서 다뤘던 상황이 있다. 60대 중반의 남성이 암 수술을 마치고 병실로 옮겨져 회복 중이었다. 마취에서 막

깨어난 그는 체온이 떨어졌는지 온몸을 떨며 담요를 목까지 끌어 올리고 있었다. 고통과 혼란이 섞인 표정, 낮게 새어 나오는 신음, 차가운 피부. 의사소통은 가능했지만 상태는 매우 예민해 보였다. 이런 상황에서 간호사는 수술 후 주의 사항과 회복을 위한 안내를 전달해야 했다. 통제적이고 위험 회피 성향의 프레임을 가진 간호사 K씨가 환자 곁으로 다가섰다.

"환자분, 괜찮으세요? 지금부터 몇 가지 주의 사항을 설명해 드릴게요. 잘 들으셔야 해요. 움직이시면 안 되고, 물도 당분간 못 드세요. 아셨죠? 내일부터는 무조건 하루 두 시간씩 걸으셔야 해요. 움직이지 않으면 장 유착 생길 수 있고, 회복도 잘 안 돼서 퇴원 못 하세요. 그리고 이 호흡운동기 있죠? '후후' 불어서 이 선까지 올려주셔야 해요. 한 시간 간격으로 열심히 하시고 여기 표시하시면 돼요. 이거 제대로 불지 않으면 나중에 폐가 쪼그라들고, 가래가 쌓여서 폐렴에 걸릴 수도 있어요. 꼭 하셔야 해요."

K 간호사가 전한 내용은 모두 환자 회복에 꼭 필요한 정보였다. 하지만 그 말의 중심은 '문제 예방', '위험성 경고', '규칙 준수'에 맞춰져 있었다. 이런 프레임은 환자에게 '위축'과 '불안'을 먼저 느끼게 하고, '내가 뭘 잘못했나. 안 하면 문제가 생긴다고 하니 더 긴장되고 불안하잖아'라는 생각을 갖게 만든다. 이미 아픈 몸을 더욱 긴장하게 만드는 것이다.

통제 중심의 말은 정보를 전달하는 데는 효과적일지 몰라도, 사람의 마음을 회복시키지는 못한다. '위험'과 '실수'에 대한 경고는 가뜩이나 아프고 지친 환자의 몸과 마음을 더욱 긴장하게 만들고, 아픈 것이 자신의 잘못인 것처럼 여겨져 우울감과 절망감을 느끼게 만든다. 말의 방향이 통제가 되면 듣는 사람에게는 스트레스로 다가온다. 본인 스스로 마음먹은 것이 아니라 누가 시켜서 억지로 해야 하는 것이 되기 때문에 하기도 싫고 몸의 반응이 부정적일 수밖에 없는 것이다.

반대로 같은 정보를 전하면서도 동기를 유발하고 긍정적 프레임을 가진 간호사 L씨가 있다.

"환자분, 추우시죠? 금방 두꺼운 이불 더 가져올게요. 몇 가지 설명드릴 텐데, 내일부터는 하루에 두 시간 정도 천천히 걸어주시는 게 좋아요. 자꾸 움직여야 장기들도 더 빨리 회복하고 퇴원도 앞당길 수 있거든요. 기운 없으셔도 조금씩 해보세요. 그리고 이 호흡운동기 있죠? 숨을 깊게 들이마시고 후 하고 내뱉는 거예요. 한 시간에 한 번씩 하다 보면 폐가 훨씬 건강해지고, 가래도 잘 빠져서 숨을 쉬기가 훨씬 편해질 거예요. 한 번 할 때마다 이곳에 표시하면서 해보세요. 몇 번 하다 보면 금방 끝까지 올리실 수 있을 거예요."

L 간호사의 말은 같은 정보를 담고 있지만 '가능성', '회복', '긍정적 변화'에 초점을 맞춘 프레임이다. 이런 언어는 환자의 심리를 안정시키고 회복 의지를 높여준다. '좀 힘들기는 하지만, 잘 걷고, 숨쉬기 훈련 잘하면 회복이 빨라진다니 열심히 해야겠네', '내가 어떻게 하는지에 따라 회복 속도가 달라질 수 있구나. 열심히 해서 빨리 퇴

원해야겠다' 등의 생각이 드는 것이다. 같은 정보를 전달하는 데도 말하는 태도에 따라 상대방의 생각이 달라질 수 있다.

K 간호사와 L 간호사 모두 전문가답게 환자를 대하는 진심 어린 마음을 가지고 있다. 하지만 말의 프레임이 부정적이고 통제적인가, 긍정적이고 자율적인가에 따라 말이 전해지는 그 출발점이 달랐다. 환자는 전혀 다른 방식으로 말을 받아들이게 되는 것이다. 몸이 아픈 상태의 환자는 말 한마디에도 민감하게 반응할 수 있다는 것을 기억해야 한다. 긍정의 언어는 환자에게 몸이 나아지는 미래를 상상하게 하고, 그 미래는 고통 속에서도 움직이게 하는 원동력이 된다. 그래서 병원이라는 감정의 살얼음판 위에서도 정보를 넘어 마음까지 회복시키는 말을 선택해야 한다. 말 한마디가 환자의 하루를 바꾸고, 회복하려는 희망의 마음을 조금 더 단단하게 만들어주기 때문이다.

말은 마음의 프레임을 통과한 흔적이다. 내가 쓰는 언어는 결국 세상을 바라보는 나의 시선을 보여준다.

외적 영향,
Influence

관계 속에서
나에게 주어진 페르소나

　　　　　　말하는 태도는 타고난 성격이나 개인의 경험만으로 완성되지 않는다. 타고난 성격과 기질, 그리고 경험이 내면의 가치를 형성하는 중요한 토대가 된다. 결국 말의 근본과 결은 내면의 가치에서 비롯되지만, 그것만으로는 우리의 말하는 태도가 완성되기 어렵다. 말하는 태도는 관계 안에서 세상과 부딪히며 비로소 구체적인 모양을 갖춘다. 그 모양은 우리가 사회에서 어떤 역할과 위치에 있는지, 그리고 주변 사람들과 어떤 관계에 있는지에 따라 다르게 조각된다. 마치 흙으로 빚어진 마음의 덩어리가 사회와 타인과의 관계를 통해 조금씩 깎이고 다듬어지는 것과 같다. 타인의 기대, 가족의 분위기, 조직의 문화, 사회적 규범, 그리고 내게 주어진 페르소나, 이 모든 것이 우리의 말하는 태도에 미묘하면서도 강력한 영향을 남긴다.

고등학생 시절, 친구들과 처음으로 뮤지컬 공연을 본 적이 있다. 운 좋게 얻은 공짜 표 덕분에 무대 바로 앞줄, 거의 배우들의 숨결이 느껴지는 곳에 앉았다. 그 공연은 〈레미제라블〉이었다. 솔직히 그때까지 뮤지컬이라는 장르가 뭔지도 잘 몰랐는데, 막이 오르자마자 순식간에 그 세계에 빨려 들어갔다. 마리우스를 연기하던 배우의 카리스마 넘치던 눈빛, 코제트의 표정에서 느껴지던 슬픔, 배우들이 만들어내는 장면 하나하나에 가슴이 뛰었다. 그 경험은 지금까지도 내 인생에 강렬한 기억으로 남았다.

그때 무대 위 배우들을 보며 이런 생각이 들었다. 한 편의 공연이 무대에 오르기까지 얼마나 많은 시간과 노력이 필요할까? 그렇게 실감 나는 연기를 하기 위해, 그들은 수백 번, 아니 수천 번 대사를 반복했을 것이다. 손은 어느 순간에 어디로 뻗을지, 눈빛은 어느 쪽에서 어느 쪽으로 옮길지, 걸음은 얼마나 빠르거나 느려야 할지, 모든 동작을 몸에 새기기 위해 끝없는 연습을 했을 것이다. 무대 위의 단 두 시간을 위해 무대 밖에서 수많은 시간을 쏟아부었을 것이다.

수백 명의 사람들 앞에서 강연할 때면 그 공연에서 보았던 배우들의 표정과 움직임이 떠올랐다. 나 또한 30분이라는 짧은 시간 동안 어떻게 하면 사람들의 시선을 모으고, 강연에 몰입하게 만들 수 있을지를 고민했다. 목소리의 톤, 표정, 손짓과 몸짓, 무대 위에서의 동선까지 마치 배우가 대본을 분석하듯, 철저히 계획하고 준비했다. 그 순간만큼은 내가 어떤 사람인지보다, 사람들이 기대하는 나의 페르소나에 맞춰 오래 기억할 만한 강렬한 순간을 만들어내는 것이 더 중요했다.

삶은 무대다. 우리는 모두 각자의 시나리오를 품고, 그 무대 위에서 연기하는 배우다. 우리의 인생도 하나의 연극과 다르지 않다. 학교에서는 학생, 회사에서는 직장인, 집에서는 자식이자 엄마 또는 아빠, 때로는 판매원, 의사, 고객, 강사, 친구가 되기도 한다. 우리는 하루에도 몇 번씩 다른 배역을 맡아 그 역할에 맞는 대사를 하고 표정을 짓고 행동하며 살아간다. 심리학자 구스타프 융은 이를 '페르소나'라 불렀다. 사회 속에서 우리가 쓰고 벗는 수많은 가면을 말한다.

회사에서는 결단력 있고 리더십 있는 모습이 필요하지만, 집에 오면 다정한 부모이자, 사랑스런 배우자 역할을 해야 한다. 내성적인 사람이라도 상황에 따라서는 사교적으로 먼저 다가가야 하고, 무뚝뚝하고 칼 같은 성격의 사람이라도 때로는 따뜻하고 친근하게 부하 직원을 대할 줄 알아야 한다. 우리 모두 매 순간 상황과 관계에 맞는 가면을 바꿔 쓰며 살아간다.

문제는 "나는 원래 이런 사람이니까"라는 말에 갇히는 순간이다. 만약 어떤 배우가 재능만 믿고 대본도 읽지 않은 채, 단 한 번의 연습도 없이 무대에 오른다면 어떻게 될까? 그 배우는 분명 무대 위에서 갈피를 잃고 대사를 놓치며 결국 그날의 공연을 망치고 말 것이다. 관객들은 실망과 허무함만 안은 채 공연장을 떠날 것이고, 어떤 감동과 여운도 느끼지 못할 것이다.

내가 비록 조용하고 내성적인 성격이라 해도 한 조직의 리더가 되었다면 '나는 원래 이런 사람이니까'에 머물러서는 안 된다. 어떤 리더가 되어야 할지 고민하고, 그 역할에 맞게 최선의 노력을 기울여야 한다. 필요하다면 카리스마 있는 모습, 단호해야 할 때는 단호해지는 태도, 신뢰감을 주는 말투, 그리고 때로는 명확하게 거절하는 말하기까지도 연습해야 한다.

사람들 앞에 서는 게 두려워 프레젠테이션을 할 때마다 심장이 뛰고 손에 땀이 난다면, 거울 앞에서 수십 번 대본을 읽으며 표정과 발음을 다듬고, 목소리의 속도와 크기를 조절하는 훈련을 거듭해야 한다. 버벅거리던 말투가 조금씩 매끄러워지고, 청중의 시선을 마주 볼 용기가 생길 때까지 말이다.

평소 성격이 냉정하고 합리적이며 논리적인 사람이라도 자신에게 주어진 페르소나가 환자를 돌봐야 하는 의사나 간호사라면 말하는 태도가 달라져야 한다. 환자에게 설명하는 그 순간만큼은 차가운 분석보다 따뜻한 공감의 언어가 필요하다. 환자의 불안을 덜어주는 부드러운 시선, 힘이 되는 한마디, 진심이 묻어나는 말 표현이야말로 주어진 페르소나에 꼭 필요한 부분이기 때문이다.

여기서 가장 중요한 건, "지금 나는 어떤 페르소나를 맡고 있고, 이 역할을 제대로 수행하기 위해서는 어떤 태도와 행동을 갖춰야 하는가?"를 스스로 찾아내려는 노력이다. "난 원래 이런 사람이야"라는 말로 멈춰 서지 말고, 맡은 역할에 맞게 나의 가능성을 열어주어야 한다. 그때 우리는 무대 위에서 진짜 연기를 시작하게 된다. 우리 삶은 리허설이 없는 무대다. 각 장면마다 새로운 역할이 주어진다. 그리고 그 배역을 멋지게 소화해 내는 사람만이 '내가 주인공인 삶'을 살아갈 수 있다.

말은 닮는다.
관계가 만드는 말하는 태도

"당신은 당신 주변 다섯 사람의 평균이다."

미국에서 기업가이자 투자자로 활동한 짐 론의 말이다. 처음 이 말을 들었을 때는 그저 씁쓸했지만 살아가면서 이 말이 생각보다 훨씬 무겁고, 지극히 현실적이라는 걸 느낀다. 내가 지금보다 더 나은 사람으로 성장하고 싶다면, 주변을 바꾸지 않고서는 불가능할지 모른다. 사람은 주변 사람들의 말투, 감정 표현 방식, 사고 흐름을 자연스럽게 닮아간다. 그래서 누구와 함께 시간을 보내느냐가 삶 전체에 결정적인 영향을 미친다.

말은 단순한 의사소통의 도구가 아니다. 그 속에는 내가 세상을 대하는 태도와 삶을 이끌어가는 방향이 고스란히 담겨 있다. 그러니 내가 누구 곁에 있느냐는, 곧 어떤 삶의 방식에 물들어갈 것인가를 결정하는 일이다.

"왜 그 사람은 늘 안 될 것부터 생각할까?"

처음에는 단순히 성격 탓이라 여겼다. 조심스럽고, 신중한 성향이겠거니 했다. 그는 어떤 일을 두고 항상 부정적인 말부터 꺼냈다.

"요즘 같은 불안한 시기에 그게 잘 되겠어?" "그 정도로 가능하겠어? 기획 단계에서 끝나버릴걸?" "그렇게 쉽지 않아. 안 될 게 확실해." "이 나이에 무슨 모험이야." "그런 건 아무나 하는 게 아니야."

곁에서 그를 오래 지켜본 사람들은 "맨날 부정적인 시선으로 시작하니까, 그 사람 앞에서는 뭘 말하기가 무서워"라고 했다. 나 역시 처음에는 나를 걱정해 주는 말로 들었지만, 반복되는 부정의 메시지를 듣다 보니 어느새 나 또한 가능성부터 부정하는 사람이 되어 있었다.

반대로, 한 친구는 정반대였다.

"야, 그거 해보자!" "안 되면 다시 하면 되지." "그거 재미있겠다." "어떻게 할 건데? 내가 도와줄까?"

그 친구는 실패 가능성보다 시도 자체에서 얻는 배움을 먼저 생각했다. 이런 말들을 계속 듣다 보니 나도 모르게 '할 수 있다'라는 마음이 자랐다. 똑같은 상황 앞에서도 누군가는 멈추고, 누군가는 나아간다. 그 차이는 타고난 성향이 아니라 매일 어떤 언어를 듣고 어떤 태도에 둘러싸여 있는지에 영향을 받는다.

우리가 자주 듣는 말은 내 안의 목소리가 되고, 그 목소리가 선택과 행동을 이끈다. 결국, 누군가가 반복해서 건네는 말은 조용하지만 강하게 그 사람의 삶의 방향을 바꾼다. 그래서 '누구와 함께하느냐'는 단순한 인간관계의 문제가 아니다. 앞으로 내가 어떤 길을 걷게 될지에 유의미한 영향을 미치는 중요한 선택이 된다.

매일 듣고 자란 말이 어른이 된 당신의 태도를 조각한다. 어릴 때부터 매일 부정적인 말을 들으며 자란 아이가 있다.

"너는 왜 하는 짓마다 그 모양이야?" "쓸데없는 소리 말고 조용히 있어." "네가 뭘 안다고 그래! 그냥 하라는 대로 해!" "그럴 줄 알았어. 네가 제대로 하는 게 있기나 해?"

처음에는 아이도 반박했다.

"아니야, 나도 할 수 있어." "한번 해볼게요." "내가 잘못한 거 아니라고!"

하지만 시간이 흘러 어른이 되어서도 무언가에 도전할 때마다 이런 생각이 떠오른다.

'내가 할 수 있을까? 아니야, 난 안 될 거야. 나 같은 애는 안 된다고 했어. 내가 해봤자 괜히 창피만 당할 거야.'

자신감을 잃는 건 물론이고, 도전 자체를 두려워하는 어른으로 자란다. 기회가 와도 움츠러들고 새로운 것을 배울 때마다 두려움이 마음을 가득 채운다. 그리고 자존감이 낮은 사람이 되는 무서운 결과를 초래하게 된다.

반대로 어릴 때부터 매일 긍정의 말을 듣는 아이가 있다.

"정말 잘하고 있어. 우와, 이런 재능이 있었네!" "좋은 생각인데? 어쩜 그런 걸 떠올렸을까? 대단한걸!" "처음부터 잘하는 사람이 어디 있어? 꾸준히 노력하면 분명 네가 원하는 대로 할 수 있어!" "괜찮아. 지금은 실패해도 돼. 그래야 나중에는 성공할 일만 남지."

처음에는 아이도 망설이게 된다.

'나도 할 수 있을까? 실패하면 어떡하지? 자신 없는데.'

하지만 시간이 흐르면서 긍정의 말이 쌓이며 아이는 변하기 시작한다. 하고 싶은 일이 생기면 먼저 해보려고 시도하고, 쉽게 포기하지 않으며, 결과에 대해서도 긍정의 생각을 떠올리게 된다. 자존감도 높고 도전하는 걸 즐거운 일로 받아들이고 기회가 오면 머뭇거리지 않고 새로운 것을 기꺼이 기대하는 마음으로 해볼 수 있는 어른이 된다. 무심결에 매일 듣는 한마디가 사람의 마음에 튼튼한 뿌리를 내린다. 그리고 그 뿌리는 한 사람을 평생 흔들리지 않는 굳건한 나무로 자라나게 해준다.

주변을 보면 안타까운 경우가 정말 많다. 아이들에게 함부로 말하는 부모들의 모습을 볼 때도 그렇지만, 다 큰 성인의 모습에서 안타까운 유년 시절의 모습이 보일 때에도 부모의 말이 얼마나 큰 영향을 미치는지 느껴져 마음이 아프다. 말은 씨앗이 된다. 부모가 무심코 뱉은 말들이 아이가 자기 자신을 바라보는 방식, 세상을 대하는 태도, 그리고 결국 살아가는 방식을 통째로 바꿔버린다. 매일 듣는 말이 가능성의 문을 열어줄 수도 있고, 평생 그 문을 굳게 닫아버릴 수도 있다.

오늘 나는 어떤 말의 씨앗을 심었는가? 내 곁에는 지금 어떤 말을 품은 사람들이 머물고 있는가? 그리고 나는 그들에게 어떤 말을 건네며 살아가고 있는가?

매일 가면을 쓸 수는 없다

가끔은 하루하루의 삶이 무대 위에 서 있는 것처럼 느껴진다. 회의실에서는 누구보다 당당한 척, 상사 앞에서는 침착한 척, 고객 앞에서는 친절한 척 필요할 때마다 상황에 맞는 페르소나를 꺼내 쓰고, 마치 역할을 부여받은 배우처럼 하루를 살아간다. 물론 무대 위에 서는 순간, 우리는 그 역할을 완벽히 해내야 한다. 그러나 무대는 시간이 지나면 반드시 내려와야 한다. 역할에 맞춰 입었던 옷을 벗고, 가만히 있어도 모든 게 좋을 진짜 내 모습과 내 스타일로 돌아와 온전히 숨 쉴 수 있는 시간이 필요하다. 그 모든 '척'이 끝나고 나면 문득 허무함이 밀려올 때가 있다.

"난 그렇게 자신감 넘치는 사람이 아닌데, 이게 진짜 내 모습이 맞나?" "내가 진짜 감당할 수 있는 프로젝트일까?" "사람들이 내 진짜 모습을 보고 실망하면 어떻게 하지?"

수백 명의 사람들 앞에서 강연을 마쳤다. 있는 힘을 다해 에너지를 끌어올리고 밝은 표정과 우렁찬 목소리로 유쾌한 농담을 던지며 청중들과 호흡했다. 사람들의 웃는 표정과 끄덕이는 고갯짓, 마지막으로 박수 소리를 들으니 겉으로 보기에는 완벽하게 강연을 마친 것처럼 보였다. 그런데 관계자들과 인사를 마치고 차에 올라 가방을 내려놓던 그 순간, 갑자기 아무런 이유도 없이 힘이 빠져버렸다. 내 안에 남은 에너지가 하나도 없었다. 몸과 마음이 동시에 꺼져버린 듯해 그대로 멍하니 한참을 앉아 있었다.

나는 사람이 붐비지 않는 조용한 공간에서 책장을 넘기며 혼자 시간을 보내는 걸 제일 좋아한다. 굳이 말하지 않아도 마음을 알아주는 한두 사람과 나누는 조용한 대화가 가장 편안하다. 그렇지만 일을 할 때는 내 안에 있는 에너지들을 겨우겨우 끌어올려 원래 활동적인 사람인 것처럼 웃고, 말하고, 반응하다 보니 그게 버거워졌나 보다.

그때는 미처 몰랐다. 내가 잘 해내는 중이 아니라 견디는 중이었다는 걸. 내 페르소나에 지쳐가고 있었다는 걸 말이다. 이런 감정이 반복된다면, 아마 임포스터 증후군(Imposter Syndrome)을 겪고 있을 수도 있다. 심리학자 리사 손 교수는 "내가 지금 이 자리에 있어도 되는 사람인가?" 하는 불안이 마음 한편을 조용히 잠식해 오는 감정이 임포스터 증후군이라고 했다. 임포스터 증후군은 맡은 역할을 해내고 있음에도 그것이 어쩐지 '가짜 같다'라는 불안에서 비롯되며, 특히 새로운 도전이나 큰 책임을 맡을 때 더욱 짙어진다고 했다.

많은 이들이 겉으로는 역할을 충실히 해내면서도 불안한 감정을 품고 살아간다. 속으로는 자꾸 자신을 의심한다.

'이건 진짜 내가 아니야.' '나는 지금 연기를 하고 있는 것 같아.' '언젠가 이 가면이 벗겨질까 봐 겁이 나.'

그렇다면 어떻게 해야 이러한 감정에서 벗어나 진짜 나로 살아갈 수 있을까? 제일 먼저, 있는 그대로의 나를 인정해야 한다. '지금 여기에 있는 나'를 있는 그대로 바라보는 것이다. 잘하는 건 잘하는 대로, 부족한 건 부족한 대로 솔직하게 인정하고 바라볼 수 있을 때, 우리는 비로소 시작할 수 있다. 부족함은 결함이 아니라 더 나아질 수 있다는 여지이고, 잘하는 것은 우연이 아니라 노력의 흔적이다. 무엇보다 중요한 건 스스로에게 "너는 충분히 최선을 다했고, 지금도 잘하고 있어"라고 다독여주는 것이다. 살다 보면 자신을 비난하는 내면의 목소리가 들릴 때도 있다. 그럴 때면 반대편에 있는 목소리도 들어줘야 한다. 조용하게 나를 인정하고 격려하는 그 한마디가 우리에게 좋은 영양분이 되어줄 것이다.

다음으로 나침반을 세우는 시간을 가져야 한다. 막연한 불안에서 벗어나려면 내가 살아가고 있는 방향이 분명한지 점검할 필요가 있다. '남처럼 잘하고 싶다'가 아니라 나에게 주어진 페르소나를 어떻게 완성하고 싶은가에 대한 나만의 생각이 분명히 있어야 한다. 목표는 남과의 비교가 아니라 내가 되고 싶은 나의 모습이어야 한다. 바람에 흔들리는 고뇌의 시간을 거쳐 인생의 나침반을 분명히 찾고 나아갈 수 있어야 한다. 분명한 방향이 있어야 내딛는 걸음걸이에도 힘이 생긴다.

그다음으로, 나를 믿고 하루 한 걸음씩 성장해 나가면 된다. 성장은 거창한 성과보다 작고 반복 가능한 실천에서 비롯된다. 오늘 한 가지를 바꿔보고, 내일 한 가지 더 바꿔보는 것. 그 작은 실천이 나를 바꾼다. 부족함이 보인다면 좌절하는 대신 '내일은 이것 하나만 더 잘해보자'라고 생각하자. 그 다짐은 두려움을 줄이고, 자신을 향한 믿음을 키워줄 것이다. 성장은 특별한 재능이 아니라 현재의 나를 받아들이고, 내가 되고 싶은 나를 향해 매일 조금씩 나아가는 꾸준한 태도에서 비롯된다.

드라마 〈미생〉에서는 시작하면 50퍼센트의 성공이고, 멈추지 않으면 100퍼센트 성공한다고 했다. 인생은 끊임없는 반복이기에 반복에 지치지 않는 자만이 성공한다.

연극에서 가장 훌륭한 배우는 배역을 진심으로 살아낸다. 겉으로 보면 가면처럼 보일지 모르지만, 그들은 배역 속에서 감정을 느끼고, 생각하고, 성장한다. 그러다 보면 어느새 배우와 배역 사이의 경계가 허물어지고 진짜 그 사람이 되어간다. 진짜 나의 모습을 외면한 채 쓰는 가면은 나를 숨 막히게 하지만, 내가 기꺼이 선택한 가면은 오히려 그 페르소나에 진심을 실어주고 나를 성장하게 해준다. 결국 삶의 운전대를 더 힘 있게 쥐는 사람은 가면 뒤에 숨어 있는 사람이 아니라 지금 이 자리에서 진짜 나로 살아가기 위해 한 걸음씩 노력하는 사람이다.

행동,
Action

사람들은 당신의 말과 행동으로
당신을 정의한다

"나 사실, 그런 사람이 아닌데…."

한 예능 프로그램에 한혜진과 이시언이 출연해 에피소드 하나를 이야기했다. 회식 자리에서 다 같이 곱창을 먹고 있었는데, 서빙하는 분이 막창을 잘라주자 한혜진이 정색한 얼굴로 "막창 왜 잘라줘요?"라고 했단다. 순간 분위기가 싸늘해졌고 가위를 들고 있던 직원도 당황한 기색이었다. 이시언은 깜짝 놀라 '싸우자는 건가? 왜 해줘도 뭐라는 거야?' 싶어 눈치를 보며 말렸다고 한다. 그런데 한혜진은 "고마워서 그러지! 잘라주니까 고맙잖아!"라고 했단다. 분명 감사의 마음이었는데, 화난 말투였고, 무표정이라 따지는 태도에 가까웠다고 한다. 결국, 고맙다는 말조차 화를 내는 말로 오해를 산 것이다. 이렇듯 유독 "그게 아니라요. 그러려던 건 아닌데요"라고 부연 설명이 필요한 사람들이 있다. 왜 이런 오해가 생기는 걸까? 나는 진심을 품고 있었는데, 왜 사람들은 내 겉모습을 보고 오해를 하는 걸까?

오랫동안 알고 지낸 모기업의 상무님이 계셨다. 말투 하나, 눈빛 하나에 절제가 배어 있는 분이고, 일에 대해서는 누구보다 진지하고, 항상 추진력 있게 팀원들을 이끌어가는 스타일이었다. 동기들 사이에서도 제일 먼저 승진하며 승승장구했다. 어느 날, 그분이 조심스럽게 내게 말을 건넸다.

"강사님, 요즘 고민이 있어요. 직원들이 저를 차갑고 냉정하고 피도 눈물도 없을 것 같은 사람이라고 하더라고요. 첫인상이 무서워서 다가가기 어렵다는 말도 듣고요."

말끝을 흐리는 그의 표정에서 어렴풋이 억울함을 읽을 수 있었다.

"아시잖아요. 제 성격이 원래 그런 건 아닌데. 왜 자꾸 오해하는지 모르겠네요."

그렇다. 나는 알고 있었다. 그는 결코 냉정한 사람이 아니었다. 오히려 지나치게 조심스럽고, 내성적이며, 타인의 시선을 누구보다 신경 쓰는 조금은 소심한 분이었다. 그런데 왜 사람들은 그를 무섭다고 느꼈을까? 바로 잘못된 리더상 때문이었다. 그는 자기같이 내성적이고 소심한 사람은 훌륭한 리더가 될 수 없다고 생각했다. 그래서 자기다움을 감추고 강한 리더, 카리스마 있는 리더, 빈틈없이 완벽한 리더의 모습을 보이기 위해 연기를 했던 것이다. 자신을 더 강하게, 더 단단하게 보이려 애쓰다 보니 자연스럽지 못했고, 말투와 표정은 딱딱하게만 보여 사람들이 다가가기 힘들었던 것이다. 그가 애써 만들어낸 '리더의 이미지'는 그의 진짜 성격과 맞지 않는 가식적인 모습이었고, 아무도 원하지 않는 상상 속 리더의 모습이었다.

사람들은 상대의 속마음에는 큰 관심이 없다. 게다가 표현되지 않는 마음을 읽어내기란 더더욱 어렵다. 대신, 상대가 어떤 말과 행동을 보이는지를 보고 판단하고 예측한다. 즉, 겉으로 드러나는 말투와 표정, 태도 같은 신호들이 모여 한 사람의 전체적인 인상을 만든다. 그래서 내가 지금 어떤 말과 행동의 신호를 보내고 있는지 스스로 정확히 아는 것이 중요하다.

말하는 태도는 단순한 말투나 화법만을 의미하지 않는다. 그 사람의 마음, 습관, 살아온 방식이 고스란히 묻어나는 언어의 결이다. 이를 잘 보여주는 예로 이금희 아나운서가 떠오른다. 그녀의 대화에는 따뜻함이 묻어난다. 어릴 적 그녀는 학교에서 돌아오면 하루 동안 있었던 일을 몇 시간이고 엄마에게 이야기했다고 한다. 그리고 엄마는 묵묵히 귀 기울여 들어주었다. 아마도 그 경험 덕분에, 그녀는 상대의 이야기에 생동감 있는 표정으로 반응하고, 함께 웃고 함께 슬퍼하며, 이야기를 듣는 법을 자연스럽게 몸에 익혔을 것이다.

반대로, 개그맨 김구라는 직설적이고 다소 공격적인 말투로 잘 알려져 있다. 게스트가 말을 꺼내기도 전에 비꼬는 멘트로 말문을 막아버리고, 실수를 집요하게 파고들어 당황하게 만드는 모습은, 아무리 대본에 따른 것이라 해도 불편하게 느껴졌다. 그 앞에 선 게스트들도 당황하기 일쑤였고, 종종 무안해하거나 상처를 받았다.

이 두 사람의 말하는 방식은 극명하게 다르다. 말은 한순간에 입에서 나와 흩어지지만, 말하는 태도는 오래도록 마음에 잔상을 남긴다. 내가 던진 한마디가 누군가의 마음속에 온기로 남을지, 혹은 상처로 남을지는 결국 내 태도에 달려 있다.

대부분의 사람들은 눈에 보이는 태도를 통해 당신을 판단한다. 당신의 마음을 깊이 들여다보려면 몇 배의 시간과 노력이 필요하기 때문이다. 누가 그런 노력을 자청하겠는가? 사람들은 결국 눈에 보이고, 귀에 들리고, 쉽게 느껴지는 것으로 판단할 뿐이다. 아무리 좋은 마음을 품고 있어도, 그 마음이 닿을 수 있는 방식으로 표현되지 않는다면 숨겨둔 진심을 헤아려줄 사람은 그리 많지 않다. 그래서 내 말과 행동이 내 마음을 제대로 전하고 있는지 점검해 봐야 한다.

감사나 칭찬을 전해야 하는 순간에는 "뭐 쑥스럽게, 그걸 꼭 말로 해야 아나?" 하며 슬쩍 넘기지 말자. 그 마음을 어떻게 하면 따뜻하게, 그리고 분명하게 전달할 수 있을지 늘 마음에 두고 고민하는 태도가 필요하다. 말 한마디에 진심이 담기는 순간, 그 마음은 상대의 가슴에 오래도록 남는다. 말과 행동은 내면의 태도를 보여주는 가장 솔직하고 분명한 언어다.

말과 행동이 어긋날 때, 신뢰는 무너진다

암병동에서 불만 고객 응대 교육을 진행하던 중 본 사례 하나가 유독 기억에 남는다. 환자가 아닌 보호자가 병원에 남긴 컴플레인이었는데, 내용은 짧고 간단했지만, 교육에 참여한 모든 직원이 고개를 끄덕일 만큼 공감이 갔다. 말 한마디와 실제 행동의 간극이 얼마나 큰 영향을 미치는지 현장에서 뼈저리게 느낀 순간이었다.

암병동에서 치료받고 있는 60대 여성 환자는 위암 3기 진단을 받고 항암치료를 시작한 지 세 달 정도 되었다. 그날따라 환자는 평소보다 훨씬 더 힘들어했다. 한 시간 간격으로 밀려오는 메스꺼움과 복통에 시달리며, 침대에 반쯤 누운 채 옆으로 돌기도 힘들어했다. 입술은 바짝 말랐고, 말할 때마다 마른 숨이 섞였다.

"간호사 아가씨, 오늘은 왜 이렇게 속이 울렁거리고 힘들어요? 뭔가 이상한 거 아니에요?"

환자의 목소리에는 고통보다 설명할 수 없는 불안이 섞여 있었다. 그때 간호사는 차트에서 눈도 떼지 않은 채 대답했다.

"항암약이 오늘부터 바뀌어서 그래요. 처음에는 속이 울렁거릴 수 있어요."

말은 정확했고, 정보도 틀리지 않았다. 하지만 그 장면을 옆에서 지켜보던 보호자는 기분이 나빴다고 했다. 설명은 이해했지만, 눈길조차 주지 않는 행동 때문이었다. 환자의 고통을 향한 공감은 어디에도 없었다. 무표정한 얼굴, 단조로운 말투, 그리고 무엇보다 환자의 눈을 단 한 번도 마주치지 않는 귀찮다는 태도. 보호자의 눈에는 간호사에게서 전해지는 전반적인 태도가 마치 환자를 무시하는 것처럼 보였다고 했다.

불만에 찬 보호자의 눈빛을 알아챘는지 간호사는 "일단 나중에 의사 선생님께 말씀드려 볼게요"라며 마지못해 대답했다. 그러고는 다른 간호사에게 다가가 팔짱을 끼고는 "점심 뭐 먹지?"라고 수다를 떨면서 병실을 나갔다고 했다. 보호자는 간호사의 모든 행동을 지켜보고 있었고 그 모습을 다 보았기에 더 이상 아무 말도, 어떤 기대로 할 수 없었다고 했다. 고개를 떨군 채 고통스러워하며 몸을 움츠리고 있는 엄마와 그 옆에서 아무것도 해줄 수 없다는 사실에 안절부절못하던 자신이 너무 작고 무력하게만 느껴졌다고 했다. 그날 보호자가 병원에 남긴 컴플레인은 단지 몇 줄이었지만 많은 이들이 공감했다.

"이 병원에서 엄마가 얼마나 힘든지 알아주는 사람은 아무도 없었어요. 외면당한 것 같아 정말 서러웠습니다."

말보다 먼저 도착하는 것은 간호사의 태도다. 다들 한 번쯤은 몸이 아파 서러웠던 순간을 기억할 것이다. 내 몸이 감당할 수 없을 만큼 고통스럽고 힘들 때는 간호사가 아무리 차분히 설명을 해줘도 그 말이 제대로 귀에 들어오지 않는다. 하지만 눈물이 맺혀 어찌할 바를 모르고 있을 때, 아무 말 없이 내 손을 꼭 잡아주며 "괜찮다"는 눈빛을 보내주는 그 따뜻함은 평생 잊히지 않는다.

누군가에게는 수십 번, 수백 번 반복되는 일상의 한 장면일지 몰라도 환자에게는 그날이 인생에서 가장 힘들고 불안한 하루일 수 있다. 바로 그 순간 건네는 작은 온기와 따스한 눈빛은 환자의 불안을 단숨에 녹여주는, 말보다 더 큰 힘이 된다.

우리는 흔히 말을 통해 의사를 전달한다고 생각하지만, 실제로 사람들은 말보다 비언어적인 행동을 먼저 읽는다. 안쓰러운 눈빛, 따뜻한 손짓, 나를 향한 몸의 방향, 걱정이 담긴 목소리 톤과 말하는 자세 같은 것들이 말보다 훨씬 먼저, 그리고 더 깊이 상대에게 전달된다.

심리학자 앨버트 메러비언은 말의 내용과 말투, 표정이 어긋날 때 사람들이 무엇을 더 신뢰하는지를 분석했다. 그 결과, 감정이나 태도를 전달하는 상황에서는 말의 내용(word)이 차지하는 비중은 7퍼센트, 그 말을 전달하는 목소리 톤, 억양, 속도 같은 분위기(mood)는 38퍼센트, 표정, 몸짓, 행동 같은 보디랭귀지(body)는 55퍼센트를 차지한다고 밝혔다. 즉, 같은 말이라도 어떤 말투와 뉘앙스로 말하고, 어떤 표정과 제스처를 동반하느냐에 따라 그 말의 의미는 완전히 달라질 수 있다는 것이다.

특히 말과 비언어적 표현이 서로 어긋날 때가 있다. "죄송합니다"라는 말을 하면서도 전혀 미안한 마음이 느껴지지 않을 때, 사람들은 말 자체보다 표정이나 목소리, 태도 같은 비언어적 신호를 훨씬 더 신뢰한다. 실제로 인간은 메시지의 약 93퍼센트를 비언어적 표현에서 받아들인다. 이는 우리가 '무엇을 말하느냐'보다 '어떻게 말하느냐'가 훨씬 더 중요하다는 사실을 잘 보여준다.

표정 하나, 말투 하나, 몸짓 하나가 말의 내용보다 훨씬 더 강하게 감정과 태도를 전한다. 아무리 정확한 정보를 건네더라도 무표정한 얼굴과 무관심한 태도로 전한다면, 그 말은 결코 진심 어린 조언으로 받아들여지지 않는다. 결국, 말은 행동을 이길 수 없다. 우리가 어떤 표정으로, 어떤 눈빛과 목소리로, 어떤 태도로 말을 건네는지가 그 말의 진짜 의미를 결정한다. 말보다 행동이 진심을 더 잘 전하고, 문장보다 태도가 설득을 더 깊게 만든다.

뿌리부터 바뀌어야
행동이 달라진다

교육 현장에서 만난 지현 간호사는 병원 내에서도 제법 유명한 사람이었다.

"일은 참 잘하는데, 사람이 너무 차가워." "늘 화난 것 같아."

표정이 없다 보니 업무를 잘 처리하면서도 늘 화가 난 분위기였다. 보호자의 질문에도 짧게 단답형으로 대답하는 편이었다.

"그건 제가 몰라요. 선생님께 여쭤봤어야 하는 건데요." "그건 의사 선생님이 결정해서 처방해 주신 거예요." "아래층으로 내려가셔서

QR 찍으시고, 종이가 안 나오면 그냥 기다리세요."

신속하고 정확한 일 처리와 옳은 말이었지만 감정이라곤 전혀 느껴지지 않았다. 그녀는 그게 문제라고 생각해 본 적이 없었다.

"일만 잘하면 되지, 내가 감정까지 하나하나 신경 써야 해?"

불만은 예상치 못한 순간에 터졌다. 올 때마다 지현 간호사의 말투가 거슬렸던 환자가 컴플레인을 한 것이다.

"로봇 같은 간호사의 차가운 말투와 표정이 매우 거슬림. 매번 병원에 와 얼굴을 볼 때마다 기분이 상해서 다시 방문하고 싶지 않음. 서비스 교육을 안 하는지 직원의 태도가 왜 이런지 의문이 듦."

컴플레인 내용은 이러했다. 그즈음 지현 간호사는 현장에서도 컴플레인을 많이 받았다.

"의사 선생님이 필요하면 추가 검사를 할 수도 있다고 해서 물어본 것 뿐인데, 두 번 말했다고 그렇게 무시하는 표정으로 사람을 보세요? 정말 기분 나쁘네요."

지현 간호사는 당황했지만 자신의 잘못을 인지하지 못했다.

"환자분 추가 검사가 없어서 없다고 말씀드린 건데, 기분 나쁘게 하려던 건 아닙니다."

하지만 그 말조차 차갑게 들렸다는 걸 그녀는 인지하지 못했다. 결국 피드백 회의 시간에 선배 간호사가 조심스럽게 말했다.

"지현 간호사님, 말하는 방식이 조금만 부드러워지면 훨씬 다르게 느껴질 거예요. 빠르고 정확하게 답변을 하는 것도 중요하지만, 병원에서 우리가 만나는 분들이 환자분들이다 보니 좀 더 따뜻한 말을 원하시거든요."

그날 이후, 지현 간호사는 자신이 환자에게 어떤 표정과 말투, 그리고 어떤 속도로 이야기하는지를 의식하기 시작했다. 또한 자연스럽게 자신의 내면을 들여다보게 되었다. 그녀는 어릴 적부터 장녀로서 동생들에게 원칙과 규칙을 철저히 강조하며, 모범을 보였다. 늘 완벽한 모습으로 정확하고 꼼꼼하게 따져왔던 성격이 환자에게는 예기치 못한 오해를 불러일으킬 수 있다는 사실을 깊이 깨달았다. 이런 성격이 일상생활에서는 문제가 되지 않았지만, 병원이라는 환경, 만나는 환자들에게는 지나치게 차갑고 단호하게 느껴질 수 있다는 점을 마음 깊이 느끼게 되었다.

그 후, 지현 간호사는 병원에서 주 1회 진행하는 감정 코칭 실습 교육에 참여해 도움을 받기 시작했다. 처음에는 무엇을 어떻게 해야 하는지 잘 몰랐지만, 그녀는 조금씩 달라지기 시작했다. 변화는 거창한 게 아니라 작은 차이와 아주 미세한 태도의 변화에서 출발했다. 예전에는 기계적으로 "안녕하세요"라고 건네던 차가운 목소리의 인사가, 이제는 하던 일을 멈추고 고개를 들어 눈을 마주친 뒤 "안녕하세요"라고 인사하게 되었다. 첫 인사말이 당신과 대화를 시작할 준비가 되었다는 신호를 온몸으로 건네는 표시라는 걸 서서히 느끼기 시작했다. 그리고 정보 전달에만 집중해 속사포처럼 쏟아내던 말투에서 벗어나기 위해, 의식적으로 상대방의 눈높이에 맞춰 천천히 끊어가며 말하는 연습을 시작했다. 그 변화는 금세 반응을 가져왔다.

"간호사님이 너무 상세하고 친절하게 설명해 주셔서 이해가 잘 됐어요. 아버지가 감사하다고 전해달래요"라며 비타민 음료를 건네는 분도 계셨다. 어느 날에는 "신뢰감이 드는 간호사님 설명 들으니까 좀 안심이 되네요. 고마워요."라고 말씀하는 분도 계셨다.

시간이 지날수록, 지현 간호사는 옛날의 자신을 떠올리며 '사람들은 때로 정확한 설명보다, 어떻게 말했는지를 더 오래 기억한다는 게 이런 말이구나'를 알게 되었다. 그리고 본인이 노력해서 말하는 태도를 바꾸었다는 생각에 용기를 얻었다. 작은 변화가 사람과 사람 사이에 놓인 거리를 조금은 따뜻하게, 조금은 가깝게 만들고 있었다. 이 변화는 단순한 말투 조정이 아니라 어린 시절부터 굳어진 습관과 성격을 인정하고 뿌리부터 바꾸려는 자기 성찰에서 비롯된 것이었다. 그 뿌리의 변화가 행동을 바꾸고 관계를 바꾸며, 삶까지도 조금씩 달라지게 만들고 있었다. 나무를 옮기려면 뿌리부터 옮겨야 하듯, 사람을 바꾸려면 마음부터 바꾸어야 한다.

결국, 행동이 태도를 증명한다

예일 대학교 심리학자 존 바그는 우리 행동의 95퍼센트가 무의식적으로 이루어진다고 했다. 아침에 일어나자마자 커튼을 걷는 행동, 엘리베이터에 타면 자연스럽게 벽 쪽에 서는 습관, 혼자 있을 때 무심코 한숨을 쉬는 습관, 어색한 침묵을 피하려고 의미 없는 질문을 던지는 행동 등 작고 사소해 보이는 선택과 반응들이 매일 쌓이고, 그 반복이 결국 나라는 사람을 빚어낸다.

사람은 단 한 번의 말이나 행동으로 정의되지 않는다. 무엇을 반복하느냐가 결국 그 사람을 만든다. 얼 나이팅게일 또한 "사람은 무엇을 믿느냐보다, 무엇을 반복하느냐에 따라 달라진다"라고 말했다.

한 번은 실수라고 말할 수 있다. 하지만 두 번, 세 번, 열 번 같은 방식으로 행동한다면, 그건 더 이상 실수가 아니라 반복된 행동이 말해주는 태도다. 늘 "죄송합니다"로 말문을 여는 사람은 반복될수록 자신감 없는 사람처럼 보일 수 있다. 평소 부탁을 잘 못하고 혼자 감당하는 사람은 처음에는 성실해 보이지만, 반복될수록 소통이 부족한 사람으로 여겨진다. 조용히 뒤에서 일하는 사람은 겸손해 보이지만, 반복되면 존재감이 없고 능력이 부족한 사람으로 평가받을 수 있다.

비행 전 브리핑을 준비하는 시간, 회의실 문이 열리기 훨씬 전부터 조용히 들어오는 승무원이 있다. 그는 늘 그렇듯 일찍 도착해 회의실을 정리하고, 필요한 자료를 가지런히 놓는다. 그 모습에는 긴장보다 차분함이, 형식보다 진심이 배어 있다.

그리고 또 다른 누군가는 항상 브리핑 5분 전에 허겁지겁 문을 열고 들어온다. 흐트러진 옷차림, 급하게 몰아쉬는 숨결, 익숙한 "죄송합니다"라는 말. 이런 부산스러운 모습은 준비되지 않은 그의 태도를 숨기지 못한다. 같은 제복을 입고, 같은 비행을 준비하지만 이미 비행 전부터 둘의 태도는 너무도 다르다. 그리고 기내 문이 열리고 탑승이 시작되면 그 차이는 더욱 벌어진다.

밝은 미소로 "어서 오세요"라고 인사하는 승무원, 고객의 불안을 먼저 알아채고 다가가는 승무원. 그들의 행동은 마음속 깊은 곳에 마음가짐과 태도가 갖춰져 있기에 자연스럽게 흘러나올 수 있다. 반면, 무표정으로 서 있는 승무원, 멍한 눈빛으로 "어서 오세요"라고 기계적으로 인사하는 승무원도 있다. 똑같은 매뉴얼과 유니폼이지만 고객들이 느끼는 온도는 전혀 다를 수밖에 없다.

사람들은 당신이 어떤 생각을 품고 있는지까지 궁금해하지 않는다. 그저 당신이 어떻게 행동하는지를 보고 기억하고 느낄 뿐이다. 결국, 반복적으로 드러나는 나의 행동이 내가 누구인지를 말해준다. 당신이 자주 선택하는 작은 행동 하나하나가 태도를 만들고, 그 태도가 곧 인생을 만들어가는 것이다.

태도는 하루아침에 바뀌지 않는다. 하지만 매일 반복하는 행동은 결국 나를 새롭게 만들어준다. 오늘의 작은 행동이 모여, 내일의 나를 바꾼다. 그리고 그 흔적은 내가 누구인지, 어디로 가고 있는지 나의 궤적을 보여준다.

명품보다
빛나는
건,

말하는
태도의
품격이다

Part
3

사람들이 말하는 태도는 천차만별이다. 저마다의
분위기와 결이 있어 말하는 방식 역시 다채롭다. 어떻게
하면 나다운 말하기를 할 수 있을까? 답은 하나다.
자신의 마음과 본질을 깊이 이해하는 것이다.

나는
어떤 태도로
말하는
사람인가?

외모는 명품인데, 말하는 태도는 몇 점?

계절이 바뀔 때면 으레 새로운 옷을 찾아본다. 인터넷 쇼핑몰을 한 번 훑어보거나, 동네 옷 가게 앞을 지나가며 '올봄에는 니트 하나 사볼까?' 하고 생각한다. 그런데 문득 이런 생각이 든다.

'해마다 옷차림은 달라지는데, 내 말하는 태도는 그대로인 건 아닐까? 나이를 한 살 한 살 먹는 만큼 나는 성장하고 있을까?'

한 번쯤은 나의 말하는 태도를 진지하게 돌아보는 시간이 필요하다. 겉모습은 명품으로 단정히 꾸몄는데, 혹시 나의 말은 품격을 잃어 사람들에게 불편함과 거리감을 주고 있지는 않은지 생각해 봐야 한다. 사람마다 말하는 방식은 다르다. 누군가는 조심스럽게 말을 건네고, 또 다른 이는 핵심만 말한다. 하지만 그 모든 말하는 태도는 결국 나라는 사람을 비추는 거울이 된다.

예전에 비행할 때의 일이다. 그날 비행에는 최고의 인기를 누리는 아이돌 그룹이 탑승한다는 소식이 미리 전해졌다. 동료들 사이에서는 은근한 설렘과 기대감이 퍼졌고, 승무원들은 자연스럽게 입구 쪽에 시선을 보냈다. 비행기 탑승이 거의 끝나갈 무렵 유독 눈에 띄는 무리가 걸어 들어왔다. TV에서 보던 화려한 그녀들이었다. 화면에서 보던 것처럼 누구라도 눈길을 멈출 외모였다. 그러나 그 순간, 날카롭고 까칠한 목소리가 들려왔다. 공기는 순식간에 싸늘해졌다. 그룹의 한 멤버가 매니저와 격하게 실랑이를 벌이고 있었다.

"아니, 오빠가 내 가방을 잘못 부쳤잖아. 일 똑바로 안 해? 비행기에서 나보고 어쩌라는 거야!"

그 목소리는 예민하고 날카로웠다. 승무원들은 자연스럽게 다른 손님들을 안내하며 사람들의 시선을 돌렸다. 매니저는 연신 고개를 숙이며 사과했지만, 그녀는 팔짱을 낀 채 어이없다는 듯 매니저를 날카롭게 째려봤다. 잠시 후, 승객들이 자리에 앉았고 나는 웰컴드링크를 준비해 그들에게 다가갔다.

"반갑습니다! 웰컴드링크로 오렌지 주스와 샴페인 있습니다. 준비해 드릴까요?"

그녀는 귀찮다는 듯 손을 허공에 대고 치우라는 듯 흔들었다. 놀라고 무안한 마음에 뒤로 물러서게 되었다. 귀찮다는 게 온몸으로 전해졌다. 짧고 냉랭한 대답에 신경이 쓰였는데, 다음 순간 그녀는 멤버들과 큰 소리로 웃고 떠들기 시작했다.

"진짜 개웃겨! 완전 뭐 같네. 그거 완전 에반데?"

거침없이 튀어나오는 비속어는 나뿐 아니라 주변 승객들도 놀라게 했다. 소곤거리던 승객들은 슬쩍슬쩍 그들을 쳐다봤고, 일부는 불편함을 감추지 못했다. 다른 승객 중 한 명이 조심스럽게 나를 불러 "저기, 조용히 하도록 이야기해 주실 수 있나요?"라고 요청했다. 나는 심호흡을 하고 그녀들에게 다가갔다.

"콘서트 준비로 많이 바쁘시죠? 혹시 비행 중 필요한 부분 있으시면 언제든 불러주시고요. 죄송하지만 주무시는 손님들이 많으시니, 대화 소리를 조금만 줄여주실 수 있으실까요? 부탁드리겠습니다."

"아, 네"라는 건성의 답이 돌아왔고, 그 후로도 별로 조용해지지는 않았다. 그들의 말투에서 느껴지는 오만함과 거친 태도는 비행기 안 공기를 차갑게 만들었다. 그들은 여전히 거친 대화를 주고받으며 깔깔거렸고, 행동에서는 조심성이라고는 찾아볼 수 없었다. 그날 이후 TV에서 그들을 보아도 더 이상 아름답게 느껴지지 않았다. 말하는 태도란 결국 내 마음을 제대로 들여다보고, 그 마음을 타인에게 어떻게 건네는가에 대한 이야기다. 그리고 그 시작에는 언제나 '진정성 있는 마음'이 있어야 한다.

말하는 태도 자기진단 워크시트

평가 방법: 각각의 문항을 읽고 자신이 생각하는 점수를 매긴다.

(5점: 매우 그렇다 / 4점: 약간 그렇다 / 3점: 보통이다 / 2점: 별로 그렇지 않다 / 1점: 매우 그렇지 않다)

V (Value: 내면의 가치)

번호	문항	점수
1	내가 자주 사용하는 말투나 표현이 다른 사람에게 어떤 인상을 줄지 생각해 본 적이 있다.	
2	내가 중요하게 생각하는 가치(예: 존중, 정직, 신뢰)가 내 말에 담기도록 의식하고 있다.	
3	나의 성격과 내면의 특성이 말하는 방식에 어떤 영향을 주는지 이해하고 있다.	
4	나는 말하기 전에 내 마음의 상태를 한번 점검하려 한다.	
5	나는 말의 목적이 단순한 정보 전달을 넘어 '나를 표현하는 것'임을 인식하고 있다.	
6	내가 자주 사용하는 방어의 표현들을 인지하고 있다.	

I (Influence: 외적 영향)

번호	문항	점수
7	내가 하는 말이 상대방의 감정이나 행동에 어떤 영향을 줄 수 있는지 고려하며 말한다.	

8	대화 중 상대의 표정, 말투, 눈빛 등을 통해 감정을 파악하려고 노력한다.
9	나는 대화할 때 상대의 말 속도나 어조에 맞춰 자연스럽게 말의 흐름을 조절한다.
10	나의 말하는 태도가 성장 환경, 가족, 주변 사람들의 영향을 받아 형성되었음을 인식하고 있다.
11	나는 종종 "얘기 잘 들어줘서 고마워", "너랑 얘기하면 편해" 같은 말을 듣는다.
12	나에게 주어진 페르소나(부모, 리더, 배우자)에 어울리는 말하는 태도를 인지하고 있다.

A (Action: 행동)

번호	문항	점수
13	내 말을 효과적으로 전달하기 위해 단어 선택이나 말하는 방식을 고민하고 조절한다.	
14	내가 사용하는 말의 톤이나 분위기에는 나만의 고유한 스타일이 있다.	
15	나는 나의 말이나 행동이 오해를 부를 수 있을 때 신중히 표현한다.	
16	긴박하거나 감정적인 상황에서도 내 말투와 행동을 조절하려 노력한다	
17	내 말하기 습관 중 불편하거나 부정확한 부분을 개선하려 노력한다.	
18	나는 말과 행동이 가능한 한 일치하도록 노력한다.	

점수 해석 가이드

1. 총점 기준
- **72점 이상**: 말하는 태도에 대한 자기 이해와 실천이 **높은 수준**이다.
- **54~71점**: 기본적인 자기 인식과 배려, 실행력이 **보통 수준**이다.
- **53점 이하**: 말하는 태도에 대한 **이해와 실천이 부족**할 수 있다.

2. 영역별 기준

V (내면의 가치)
- **24점 이상**: 말하는 태도에 대한 자기 이해가 높고, 가치와 말이 일치한다.
- **18~23점**: 기본은 되어 있으나, 일관성이 약할 수 있다.
- **17점 이하**: 내적 가치와 말이 분리될 위험이 있다.

I (외적 영향)
- **24점 이상**: 상대에게 미치는 영향을 충분히 인식하고, 공감과 배려 중심의 대화를 실천한다.
- **18~23점**: 배려는 있으나 관계 속에서 불균형이 생길 수 있다.
- **17점 이하**: 타인의 감정과 반응을 놓치거나 일방적으로 대화할 위험이 있다.

A (행동)
- **24점 이상**: 말과 행동이 일치하며 성찰 능력과 조율 능력이 뛰어나다.
- **18~23점**: 보통 수준. 상황에 따라 조절력이 흔들릴 수 있다.
- **17점 이하**: 순간의 감정이나 습관에 따라 일관성이 부족할 수 있다.

자신감의 진짜 얼굴,
나를 들여다보는 용기

사람들은 누구나 자신도 모르게 다양한 방어기제를 가진다. 상처받지 않기 위해, 당황하지 않기 위해, 무너지는 나를 보호하기 위해 우리의 마음은 때때로 나도 모르게 나를 지키는 방식을 택한다. 이를 심리학에서는 '방어기제'라 부른다. 심리적 통증으로부터 나를 보호하기 위한 무의식의 자동 반응이다. 과거의 상처나 무시당했던 기억, 반복된 좌절이 클수록 뇌는 비슷한 고통이 다시 올까 봐 경계하고, 그 방어는 결국 말버릇과 태도, 몸짓으로 드러난다.

낯선 자리에 가면 어색한 분위기를 깨려고 괜히 말을 많이 하거나 웃음소리를 높일 때가 있다. 반대로 팔짱을 끼고 멀찍이 등을 기대고 앉아 여유로운 척, 아무렇지 않은 척 관망할 때도 있다. 겉보기에는 자연스럽게 그 자리에 어울리는 듯 보이지만, 사실은 긴장한 마음을 들키지 않으려는 무의식적인 방어 태도다. 이런 모습은 부자연스럽게 보이거나, 지나치게 들떠 보이기도 하고, 혹은 건방져 보이거나 상대를 무시하는 듯한 느낌을 줄 수도 있다. 그럼에도 우리는 낯선 상황에서 스스로를 지키기 위해 알게 모르게 이런 방식을 반복하곤 한다.

사람은 누구나 상처받는 것을 두려워한다. 상처는 무뎌진다고 하지만 정말로 괜찮은 사람은 많지 않다. 그러다 보니 무의식적으로 자신을 보호하는 말투와 행동을 취한다. 가령, 누군가가 말끝마다 "농담이야", "그냥 그렇다고", "난 신경도 안 써", "원래 기대도 안 했어", "나야 뭐, 아무렇지 않아" 같은 말을 습관처럼 던진다. 그 말 속에는 실망을 피하려는 방어심리가 숨겨져 있고, 스스로 괜찮다고 하지 않으면 무너질 것 같은 마음이 버티고 있을지도 모른다. 애써 아무렇지 않은 척, 마음을 감추면 상처가 되지 않을 거라고 믿는 것이다.

드라마 〈폭싹 속았수다〉의 학씨 아저씨는 예전 시대의 아버지들을 떠올리게 한다. 사랑하는 가족에게 따뜻한 말을 전할 줄 몰라 화를 내고 거친 말투로 감정을 감춘다. 마음속 애정을 가장했지만, 그 표현은 결국 마음과 마음 사이에 벽만 쌓아 올렸다. 왜 그는 좋으면 좋다고, 나도 좀 봐달라고, 있는 그대로의 마음을 표현하지 못했을까? 그 시대의 아버지들은 대체로 표현에 서툴고 무뚝뚝했으니 어느 정도는 이해할 수 있다. 사실 그것은 나약한 마음을 들키지 않으려는 방어기제였을 것이다. '부드럽고 약한 모습'을 '강하고 무심한 모습'으로 포장했던 것이다.

하지만 여전히 자신의 마음을 꺼내는 데 서툴고 조심스러운 사람들이 많다. 감정을 외면하고 갈등을 회피한다. 그러나 회피는 잠시 마음을 덜 불편하게 만들 뿐, 결코 문제를 해결해 주지 않는다. 쌓이고 쌓인 말들은 결국 굳어져 마음의 벽이 되고, 그 벽은 관계를 멀어지게 할 뿐이다.

말은 그 사람의 마음을 투명하게 비추는 거울이다. 그 말이 왜 나왔는지, 그 말 안에 어떤 감정이 있었는지를 돌아보는 순간, 마치 내 마음의 밑바닥을 들킨 듯 아찔하다. 말보다 내면의 진짜 마음을 마주해야만 우리는 말이 아닌, 마음으로 소통하게 된다. 그리고 그 소통은 관계를 바꾸고, 나 자신을 바꾸는 힘이 된다.

말은 껍질일 뿐, 진짜 씨앗은 마음에서 자란다. 우리가 사용하는 말은 표면적일 수 있지만, 그 이면에는 우리의 감정과 경험이 숨어 있다. 화가 나면 목소리가 높아지고, 불안하면 말이 빨라지고, 자신이 없으면 말끝을 흐린다. 말하는 방식은 생각의 구조이자, 감정의 지문이다.

"비난은 자신의 결점을 감추기 위한 방어적 수단일 수 있다."

니체의 말이다. 중요한 건 단어를 고치는 것이 아니다. 말투를 바꾼다는 것은 단순히 단어를 다듬는 일이 아니다. 왜 그런 말이 나왔는지, 그 말의 이면에 어떤 감정이 있었는지를 들여다보는 것. 그것이 진짜 변화의 시작이다.

"나는 왜 이런 말하는 태도를 가졌을까?" "나는 왜 자꾸 스스로를 낮추는 말투를 쓰지?" "나는 왜 자꾸 설명을 덧붙이려 하는 걸까?"

이런 질문이 '나는 나를 어떻게 바라보고 있는가'를 묻는 질문이다. 말은 나를 숨기기도 하지만, 결국 나를 드러낸다. 무심코 흘린 한마디에 진짜 내가 담겨 있다. 단어를 바꾸기 전에 마음을 들여다보자. 진짜 변화는 표현이 아니라 마음에서 시작된다.

성격 유형으로 알아보는
"나는 어떤 사람인가?"

여행을 준비할 때 우리는 어떤 타입일까? 사람들은 성격에 따라 크게 두 가지로 나뉜다. 하나부터 열까지 꼼꼼히 계획을 세우고 모든 가능성에 대비해 혹시 필요할지 모르는 것까지도 챙기는 사람. 반대로, 가방 하나 달랑 메고 발길 닿는 대로 떠나는 사람. 같은 장소라도, 같은 기간이라도 성격에 따라 준비 방식이 다르다. 이런 차이는 여행뿐만 아니라 일상 곳곳에서 드러난다.

나는 나PD의 예능을 좋아했다. 피곤했던 한 주를 마치고 금요일 밤 〈꽃보다 할배〉를 보고 있자면, 배우들과 같이 여행지에서 여유를 느끼는 듯했고, 아궁이에 불을 지피고 대청마루에 앉아 맛깔나게 요리를 해 먹는 〈삼시세끼〉를 보고 있자면 마치 장작 태우는 냄새가 나는 듯한 착각이 들곤 했다. 이우정 작가는 "조용한 시골에 가서 비 오는 날 처마에 빗방울 떨어지는 소리를 들으면서 부침개를 부쳐 먹고 싶다"는 생각에 동료들과 시골집을 알아보다 〈삼시세끼〉를 기획했다고 한다. 매일의 일상에서 벗어나 여유롭게 흐르는 시간을 즐기는 〈윤식당〉도 어떻게 보면 일상에 찌든 많은 사람들이 상상하고 꿈꿔온 여유인지 모르겠다. 나PD는 도대체 어떤 사람이기에 저렇게 하고 싶은 걸 쏙쏙 골라내고 그걸 실현해 내며 살까?

〈1박 2일〉부터 수도 없는 예능 신화를 써온 나PD는 전형적인 SP

기질의 사람이다. 그는 굉장히 즉흥적이고 자유롭다. 대학교에 들어갈 때도 PD가 되었을 때도 뭔가 계획이 있었다기보다 뭘 해야 할지 몰라 끝까지 버티다가 마지막 남은 이거라도 안 하면 큰일 나겠다는 마음으로 하게 되었다고 한다.

SP 기질의 사람들은 어떤 특징이 있을까? "자유가 아니면 죽음을 달라"는 말이 가장 잘 어울리는 이들이다. 이들은 즉흥적이고 자유로움을 추구하기에, 다음 순간 무엇을 하고 있을지 본인조차 알지 못한다. 예측 불가능하지만, 그만큼 생동감 있고 흥미로운 에너지를 가진 사람들이 바로 SP 기질이다.

만약 나PD가 철저하게 준비하고 일어나지도 않은 일까지 걱정하는 유형의 사람이었다면 고령의 할아버지들을 모시고 그 멀리까지 배낭여행을 떠날 수 있었을까? 그가 굉장히 계획적인 사람이었다면 별로 하는 것도 없어 보이고 밥만 해 먹으면 되는 프로그램을 선뜻 시도할 수 있었을까? 애초에 시작조차 하지 못했을 것이다.

SP 기질의 사람들은 나PD처럼 실행력이 뛰어나다. 이들은 머릿속으로 미래를 끝없이 걱정하기보다는 눈앞의 현실에 집중한다. '지금 해보고 싶으면 하는 것'이 그들의 방식이다. 즉흥적인 상황에서 오히려 활력을 얻고, 똑같은 일상과 반복되는 루틴은 금세 지루해한다. 일을 진행하다 위기 상황에 부딪치면 스트레스에 짓눌리기보다는 그 긴장감 속에서 묘한 짜릿함을 느끼고, 문제를 해결해 낼 때 성취감과 희열을 경험한다.

이효리와 이상순 부부는 서로 다른 성격임에도 불구하고 굉장히 잘 어울리는 부부로 알려져 있다. 이효리는 끊임없이 성장하고 의미 있는 일을 추구하는 NF 기질이다. NF는 흔히 '이상가 기질'이라 불리며, 더 나은 세상을 꿈꾸고 사람들의 마음에 불을 밝히는 역할을 하고 싶은 사람들이다. 그래서 그녀는 언제나 가치 있는 무언가를 향해 나아가고, 세상에 작은 변화라도 일으키려 한다.

이상순은 ISFJ, 즉 SJ 기질을 가진 사람이다. SJ는 '보호자 기질'이라 불리며, 책임감이 강하고 믿을 수 있으며 신뢰감을 주는 사람들이 많다. 특히 이상순은 감정을 잘 이해하고 공감할 줄 아는 성향까지 갖추고 있어, 이효리의 뜨겁고 이상적인 기질을 따뜻하게 감싸준다. 그는 언제나 안정적이고 편안한 모습으로 곁을 지켜주는 사람이다. 이런 점이 늘 새로운 의미와 가치를 좇는 이효리에게 꼭 필요한 버팀목이 되었던 것이다.

아나운서 부부인 김소영과 오상진은 어떨까? 김소영은 SJ 기질로, 흔히 '보호자 기질', '모범생 기질'이라고 불린다. 책임감이 크고, 어려서부터 누군가를 돌보는 태도가 몸에 배어 있으며, 근면하고 성실하고 원리 원칙을 지키는 성향이 강하다. 그녀에게는 닥치지 않은 미래보다 지금 이 순간을 충실히 살아가는 것이 중요하다. 해야 할 일은 반드시 끝까지 해내는 믿음직한 사람이다.

반면 오상진은 NT 기질, 즉 '합리자 기질'이다. 그는 자아실현에 대한 욕구가 크고, 끊임없이 성장하려 하며, 미지의 세계에 대한 지적 호기심이 크다. 당장의 현실보다 다소 추상적이더라도 미래의 비전과 가능성을 더 중시한다. 도전 의식이 강하고, 독창적인 아이디어를 내며 혁신적인 방식으로 문제를 해결하려는 성향을 지녔다. 두 사람은 MBTI 성격 요소 중 세 가지가 다르고, 공통적으로 사고형(T)만 같다. 덕분에 서로의 차이를 완전히 이해하지는 못해도 사소한 감정 문제로 크게 상처받거나 관계의 골이 깊어지지는 않는다.

이 세상에 나와 똑같은 모습으로 살아가는 사람은 없다. MBTI의 네 가지 기질 그룹(SP, SJ, NT, NF)은 각기 다른 사고방식과 소통 방식을 지니고 있으며, 그 차이는 곧 말하는 태도와 행동에 고스란히 드러난다. 각 기질이 지닌 고유한 특성을 한번 살펴보자.

SP 기질, 장인, 현실적 탐험가(Sensing-Perceiving)

SP 기질을 가진 사람들의 말하기는 즉흥적이고 유연하며 직설적이다. 경험에서 나온 이야기를 즐겨 하고, 눈에 보이는 사실이나 구체적인 세부 사항을 자주 언급한다. 반응이 빠르고 상황에 민첩하게 대응하며, 농담과 유머로 분위기를 가볍게 만드는 데 능하다.

이들은 언제나 '지금, 이 순간'에 집중하기 때문에 깊은 분석보다는 현실적이고 실용적인 해결책을 선호한다. 그래서 대화에서도 계획보다 행동을, 고민보다 실행을 중시한다. 가령, "일단 가자! 어차피 가면서 정하면 돼", "난 정해져 있는 시간표는 영 답답하단 말이야"라는 표현에서 SP 기질 특유의 자유로움과 즉흥성이 잘 드러난다.

SJ 기질, 보호자, 안정적 관리자(Sensing-Judging)

SJ 기질을 가진 사람들의 말하기는 책임감 있고 체계적이며 신뢰감을 주는 것이 특징이다. 사실과 경험에 기반해 말하기를 좋아하고, 절차와 규칙을 강조한다. 실용적이고 예측 가능한 표현을 쓰며, 언제나 안정성과 검증된 방법을 중시한다.

또한 의무감과 전통을 소중히 여기기 때문에, 도덕적 가치나 사회적 규범을 언급하는 경우가 많다. 그래서 대화 속에서 "해야 한다", "지켜야 한다"는 표현이 자주 나온다. 가령, "이건 이렇게 해야 안전해", "정해진 절차를 따르는 게 중요해", "시간은 꼭 지켜야 해"라는 말에서 SJ 기질 특유의 성실함과 책임감이 잘 드러난다.

NT 기질, 합리적 분석가(Intuitive-Thinking)

NT 기질을 가진 사람들의 말하기는 논리적이고 분석적이며 아이디어 중심적이다. 구체적인 사실보다 개념과 이론, 원리를 탐구하는 것을 즐기며, 추상적이고 이론적인 표현을 자주 사용한다. 대화할 때는 논증과 반론을 통해 생각을 발전시키고, 비판적 사고를 중시한다. 무엇보다도 사실 자체보다 논리적 일관성을 중요하게 여기기 때문에, 상대의 말이 논리적으로 맞는지가 가장 큰 관심사다.

가령, "왜 그렇게 생각하는지 근거를 설명해 줄래?", "이 이론이 현실에서 왜 적용되지 않는지 궁금해"라는 표현 속에서 NT 기질 특유의 지적 탐구심과 합리성이 잘 드러난다.

NF 기질, 이상가(Intuitive-Feeling)

NF 기질을 가진 사람들의 말하기는 따뜻하고 공감적이며 의미 중심적이다. 사람들의 감정을 고려하며 대화하고, 관계의 질과 소통의 진정성을 중시한다. 이들은 가치와 이상을 이야기하는 것을 좋아하며, 사람들에게 영감을 주거나 격려하는 표현을 자주 사용하고 대화 속에서 감정과 의미가 중심이 된다.

가령, "네가 그렇게 느낀다면, 그건 분명 의미가 있는 거야", "어떻게 하는 것이 가장 바람직할까?"라는 말에서 NF 기질 특유의 공감력과 이상 추구성이 잘 드러난다.

    이 네 가지 기질을 이해하면 상대방의 말하는 태도를 훨씬 더 잘 파악할 수 있고, 그에 맞는 방식으로 소통하기가 쉽다. SP 기질에게는 경험을 함께 나누며 즉흥적이고 유연하게 대처하는 대화가 효과적이고, SJ 기질에게는 신뢰와 약속을 바탕으로 한 책임감 있는 말하기가 통한다. NT 기질에게는 논리와 근거를 갖춘 설명이 설득력을 가지며, NF 기질에게는 진심 어린 공감과 가치와 의미를 담은 이야기가 마음을 움직인다.

    결국, 기질에 따라 말하기의 언어는 달라도, 그 중심에는 '상대방을 이해하려는 태도'가 있어야 한다. 기본적으로 상대의 성향과 기질이 뭘까 짐작해 보면서 존중하는 대화를 할 때, 기질의 차이를 넘어 진정으로 마음이 전달되는 소통을 이룰 수 있다.

기질은 말하는 태도의 뿌리가 되지만, 그것이 곧 한 사람의 전부를 결정짓는 것은 아니다. 내가 가진 기질적 특성을 인식하고, 동시에 상대방이 가진 말하기 특성을 이해할 때 균형을 맞추는 대화를 할 수 있다.

말은 단순히 의사를 전달하는 도구가 아니다. 말에는 내가 어떤 가치관을 지녔는지, 어떤 태도로 세상을 대하고 있는지가 고스란히 드러난다. 그래서 기질을 이해하는 일은 단순한 자기 파악이 아니라 나의 말과 행동을 움직이는 근본을 성찰하는 과정이다. 나를 깊이 이해할 때 비로소 타인의 기질과 태도가 보이기 시작한다. 그렇게 서로의 다름을 있는 그대로 존중하고, 공감할 수 있을 때 대화는 단순한 말의 교환을 넘어 관계를 단단히 잇는 힘이 된다.

기질 진단 검사

"나는 어떤 기질일까?"

평가 방법: 각각의 문항을 읽고 자신이 생각하는 점수를 매긴다.

(5점: 매우 그렇다 / 4점: 약간 그렇다 / 3점: 보통이다 / 2점: 별로 그렇지 않다 / 1점: 매우 그렇지 않다)

번호	기질 진단 문항	점수
1	잘 웃고 친절하며 말씨가 부드럽고 감정 표현이 풍부하다.	
2	호불호가 분명해 좋아하는 것만 하려고 한다.	
3	어디를 가느냐보다 누구와 함께 가느냐가 더 중요하다.	
4	익스트림 스포츠 같은 어느 정도 물리적 강도가 있는 스포츠나 경험을 즐긴다.	
5	다음 행동을 예측하면서 논리적이고 객관적으로 사고한다.	
6	갑작스러운 변화는 긴장과 스트레스다. 안정적인 것을 좋아하는 편이다.	
7	자유분방하며 변화에 적응력이 뛰어나다.	
8	새로운 사람을 만나면 금방 친해지는 편이다.	
9	혼자만의 시간을 즐기는 편이다.	
10	계획보다는 즉흥적인 선택을 선호한다.	
11	문제 상황이 생기면 이성적으로 해결하려 한다.	
12	다른 사람에게 쉽게 휘둘리지 않고 내 주장을 고수한다.	
13	주변 분위기에 민감하게 반응한다.	

번호	기질 진단 문항	점수
14	남을 이끄는 리더 역할을 즐긴다.	
15	타인의 감정에 공감하는 능력이 뛰어나다.	
16	변화보다 안정과 반복을 선호한다.	
17	경쟁에서 이기려는 욕구가 강하다.	
18	규칙과 원칙을 중시한다.	
19	새로운 아이디어를 떠올리는 것을 즐긴다.	
20	감정보다 결과와 성과를 더 중시한다.	
21	다른 사람의 부탁을 거절하기 힘들다.	
22	남들 앞에서 말하는 것이 두렵지 않다.	
23	작은 일에도 쉽게 긴장한다.	
24	상황에 따라 유연하게 태도를 바꿀 수 있다.	
25	일 처리에 꼼꼼하고 실수가 적다.	
26	위험을 감수하고 도전하는 편이다.	
27	친구나 가족과의 정서적 유대가 삶에서 가장 중요하다.	
28	결정을 내릴 때 신중하게 오래 고민한다.	

점수 해석 가이드

- SP, NF, NT, SJ 각 기질별 문항 점수를 따로 합산해 점수가 가장 높은 기질이 자신의 기질 특성이라고 본다..

SP, 현실적 탐험가형
- 관련 문항: 4, 7, 8, 10, 19, 22, 26
- 말하는 특징: 즉흥적이고 유머러스하며 분위기를 주도한다. 대화 속에서 재치와 생동감을 불러일으킨다.
- 태도: 자유분방하고 솔직하며, 상황에 따라 말을 빨리 바꿀 수 있다.
- 강점: 위기 상황에서도 재치 있게 대처해 상대방을 긴장 풀어주며 활력을 준다.
- 주의점: 깊이 있는 대화보다 순간의 재미에 치중해 신뢰감을 잃을 수 있다.

NF, 이상가형
- 관련 문항: 1, 3, 13, 15, 21, 24, 27
- 말하는 특징: 따뜻하고 공감적인 언어를 사용하며, 감정을 솔직하게 드러낸다. 듣는 사람을 배려하는 말투가 강하다.
- 태도: 관계의 의미와 가치를 중요시하며, 대화를 통해 정서적 유대감을 쌓으려 한다.
- 강점: 상대방의 마음을 여는 공감적 언어, 관계를 깊게 만드는 대화를 한다.
- 주의점: 감정에 치우쳐 현실적 해결보다는 이상적 표현에만 머물 수 있다.

NT, 합리적 분석가형
- 관련 문항: 5, 11, 12, 17, 18, 20, 28
- 말하는 특징: 논리적이고 체계적이며 설득력 있는 언어를 구사한다. 주장을 뒷받침하기 위해 근거와 예시를 많이 든다.
- 태도: 토론을 즐기며 비판적 질문을 던지는 경향이 있다. 명확한 답과 해결책을 찾는 데 집중한다.
- 강점: 명확하고 설득력 있는 커뮤니케이션, 문제 해결 중심의 대화를 한다.
- 주의점: 지나친 직설과 분석적 태도로 상대방의 감정을 상하게 할 수 있다.

SJ, 보호자형
- 관련 문항: 2, 6, 9, 14, 16, 23, 25
- 말하는 특징: 차분하고 예의 바르며 규범을 지키려는 언어 사용이 많다. 경험과 전통을 근거로 조언한다.
- 태도: 책임감 있게 상황을 관리하며, 대화에서도 안정감을 추구한다.
- 강점: 신뢰감을 주는 안정된 말투, 조직과 질서를 지탱하는 조율적 언어를 구사한다.
- 주의점: 변화에 소극적이고, 지나치게 보수적인 언어로 경직된 인상을 줄 수 있다.

말하기 습관
재설계

나만의 색깔을
찾아라

사람들이 말하는 태도는 천차만별이다. 저마다의 분위기와 결이 있어 말하는 방식 역시 다채롭다. 어떻게 하면 나다운 말하기를 할 수 있을까? 답은 하나다. 자신의 마음과 본질을 깊이 이해하는 것이다. 내가 지닌 가치관은 무엇인지, 타고난 성격과 기질은 어떤지, 어떤 환경에서 어떤 말하기 습관을 형성했는지, 심지어 특정 상황에서 방어적인 말투가 나오는 이유까지, 이 모든 것을 깊이 이해할수록 나만의 색깔을 가진 말하기가 가능해진다. 자신에 대한 깊은 사색과 성찰을 경험한 사람만이 진정으로 자신답게 말할 수 있다.

개그맨 이영자가 나오는 프로그램을 보고 있으면 웃음이 절로 난다. 그 특유의 쏟아지는 말발, 숨 쉴 틈 없는 묘사, 그리고 "아휴! 내가 말했잖아! 그거 절대 먹으면 안 돼!" 하는 호통조차 정감 있는 에너지로 변한다. 그녀는 말을 퍼포먼스로 만든다. 표정, 손동작, 목소리의 고저, 말의 리듬까지 모두 합쳐져 이영자 스타일이 된다. 특히 그녀는 먹는 얘기를 참 맛깔나게 한다.

"그 집 족발이 그냥 족발이 아니고 껍질이 어찌나 탱글탱글한지. 그건 꼭 깻잎에 마늘이랑 싸서 먹어야 해. 이건 말해 뭐 해. 먹어봐야 안다니까!"

어떤 사람은 그녀가 말이 많고 부산스럽다고 할 수도 있다. 하지만 그녀의 말에는 에너지와 진심, 그리고 자기만의 스타일이 있다. 그건 타고난 것일 수도 있지만, 수십 년간 자신의 분야에서 갈고닦은 '이영자식 화법'일 수 있다.

배우 이영애는 어떨까? 카메라 앞에 선 그녀는 눈빛부터가 조용하다. 솜털처럼 가벼운 목소리, 말끝을 흐리지 않지만, 절제된 어조와 단정하고 차분한 표정.

"고맙습니다. 그렇게 말씀을 해주시니 제가 더 감사하죠."

말할 때 보이는 잔잔한 미소는 아무나 따라 할 수 있는 게 아니다. 그녀의 말에는 공백과 여백이 있다. 기품 있고 단정하며, 절제된 말투는 그녀만의 고유한 분위기를 만든다. 만약 이영자가 이영애처럼 말하면 어떨까? 이영애가 이영자처럼 말한다면? 상상이 되지 않을 정도로 어색하다. 두 사람 모두 자기만의 언어가 있고 그 색깔이 누구보다 진하다. 그러다 보니 대중들도 각자의 에너지와 유머에 매료되고 그녀들을 좋아하고 기억하는 것이다.

당신은 누구처럼 말하고 싶은가? 많은 사람들이 말한다.

"저도 말 잘하고 싶어요. 차분하고 또랑또랑하게 아나운서처럼 말이에요."

사실 "누구처럼 말하고 싶다"라는 말은 잘못된 표현이다. 말하기는 흉내 내는 기술이 아니라 나를 표현하는 정체성이기 때문이다. 진짜 중요한 건 나만의 색깔과 스타일을 알아가는 일이다. 나는 에너지가 넘치는 사람인가? 조용하고 고요한 사람인가? 내 말투는 따뜻하고 친근한 인상을 남기는가, 아니면 차갑지만 신뢰를 주는가? 말할 때 손짓이 크고 활기찬가, 아니면 감정을 잔잔히 전하는 편인가? 자신을 아는 것, 그것이야말로 제대로 된 말하기의 출발점이다.

말은 곧 그 사람이다. 우리가 말하는 방식에는 삶의 철학, 타고난 성향, 자라온 환경, 그리고 몸의 자동화된 반응까지 스며들어 있다. 말은 단순한 기술이 아니라 살아온 시간의 흔적이다. 그러니 말도 나답게 해야 설득력이 생긴다. 누군가와 비교할 필요는 없다. 내 안에 이미 자리 잡은 고유한 말하기 스타일을 발견하고, 그것을 나답게 다듬어 빛나게 해야 한다. 그래야 매력 있는 말하기를 할 수 있다. 목표는 잘 말하는 것이 아니다. 진짜 목표는 나다운 언어로 진심을 전하는 것이다. 그래야 내가 하는 말이 사람들의 마음에 가닿는다.

우리의 말에는 이미 우리만의 고유한 색이 스며 있다. 그 색을 지우거나 상대의 색을 따라 하지 말고, 나만의 깊고 아름다운 색깔이 되도록 만들어야 한다. 결국 모두 자신만의 색깔을 분명히 할 때 더욱 빛난다. 이영자는 특유의 생동감과 유머로, 이영애는 조용한 강단과 잔잔한 힘으로 자기만의 분위기와 모습으로 온전히 자신의 세상을 만들어냈다. 우리가 본받아야 하는 건 그들의 말투보다 자기다움을 잃지 않는 태도다. 진정한 강함은 남을 흉내 내거나 타인을 따라 하는 데서 오는 것이 아니라 스스로를 다스리고 자기다움을 지켜내는 데 있다.

노자가 《도덕경》에서 말했듯, 남을 이기는 사람은 힘만 센 것이고, 나를 이기는 사람이 진정한 강자다. 남의 방식을 흉내 내는 것보다 자신의 내면을 성찰하고 다듬어 자신만의 색깔을 지켜낼 때, 그 말은 진정한 힘을 가지게 된다.

지하철을 환승할 때 늘 지나치는 작은 꽃가게가 있다. 파스텔 색감의 예쁜 꽃들이 너무 예뻐서 눈길이 오래 머물곤 했다. 가게 밖 커다란 통에 꽂힌 기다란 보라색 사루비아, 솜사탕같이 풍성한 짙푸른 수국, 부드러운 연핑크의 리시안셔스 등 꽃봉오리 하나하나가 저마다의 빛을 품고 있어, 잠시 그 옆을 스치는 것만으로도 기분이 좋아진다. 하지만 고유한 빛깔을 뽐내는 예쁜 꽃을 몇 송이씩 골라 담아 하나의 꽃다발로 완성하면, 그 어우러짐은 커다란 통에 꽂혀 있을 때와는 비교할 수 없을 정도로 감동적이다.

사람 사는 모습도 꽃과 비슷하지 않을까? 각자 자신만의 색깔과 개성을 가진 사람들은 커다랗고 파란 수국과 하얗고 작은 안개꽃의 다름처럼 차이가 있다. 꽃이 제 빛깔을 드러낼 때 가장 아름답듯, 사람도 제 모습 그대로일 때 가장 빛난다. 그리고 더 중요한 것은, 그 다양한 개성들이 모여 꽃다발처럼 풍성함을 이룰 때 더 아름다워지는 것이다.

조화를 이루는 대화란 바로 이런 어우러짐이다. 자신의 개성과 스타일을 지키면서도 상대방의 다름을 인정하고, 서로 다른 위치에서 조화를 이루기 위해 노력할 때, 우리는 더욱 아름답고 풍성한 꽃다발이 될 수 있다. 공자의 말씀 중에 "군자는 화이부동(和而不同)하고, 소인은 동이불화(同而不和)한다"라는 말이 있다. 군자는 조화를 이루되 똑같아지려 하지 않고, 소인은 겉으로는 같아 보여도 진정한 조화가 없다는 뜻이다.

대화의 본질도 그렇다. 같아지려 애쓰는 것이 아니라 다름을 존중하며 어울릴 때 비로소 자연스럽고 아름다운 조화가 만들어진다. 꽃이 각자의 빛깔을 잃지 않을 때 꽃다발이 아름답듯, 우리 역시 제 모습 그대로일 때 가장 조화로운 대화를 피울 수 있다.

상대방의 반응을 읽는
감각을 키워라

말을 잘하고 싶다면, 상대의 반응을 읽을 수 있는 감각을 키워야 한다. 대화를 잘하는 사람은 단순히 말을 잘하는 사람이 아니다. 주변에서도 보면 인간관계에 능숙한 사람들이 있다. 그들은 본능적으로 상대방의 반응을 느끼는 사람들이다. 항공사에서는 신입 승무원을 뽑으면 약 3개월 동안 혹독한 교육 과정을 실행한다. 나 역시 그 시절을 돌아가고 싶지 않을 만큼 힘들었던 시간으로 기억한다. 동기들과 모임을 하면 늘 이런 이야기가 나온다.

"내가 그때 얼마나 울었는지 알아? 매일 밤 집에 와서 펑펑 울다가, 다음 날 또 벌벌 떨면서 겨우 출근했잖아."

그만큼 치열한 과정이었다. 예전만큼은 아니라고 하지만 지금도 교육 기간을 버티지 못하고 포기하는 사람이 있을 정도로 힘든 훈련이 이어진다. 여러 교육 과정 중에서도 빼놓을 수 없는 것이 바로 고객 응대 상황을 연출해 대처하는 롤플레잉 훈련이다. 그때까지 배운 기내 서비스 절차나 안전 지식을 토대로 즉흥적으로 대응해야 한다. 그런데 어떤 상황을 제시해도 능숙하고 자연스럽게 잘 해내는 친구들이 있었다. 신기한 건 이들이 이론 시험 점수가 높거나, 답변 내용이 정확한 것은 아니라는 점이다. 그럼에도 불구하고 교관이 고객 역할을 연기할 때 마음을 편안하게 만드는 힘이 있었다. 상황을 억지로 풀어내려 하기보다 그 순간을 온전히 받아들이고 상대가 무엇을 원하는지 정확히 파악해 시원하게 응대해 주는 것이다.

그 친구들은 남들과 다른 특별한 능력이 있었다. 바로 상대의 상태를 감각적으로 읽고, 그에 맞춰 말투와 속도, 언어의 결을 조율할 줄 아는 기술이었다. 이런 능력은 분명 어느 정도는 타고난 부분이 있다. 하지만 그렇다고 해서 타고난 사람들만 잘할 수 있는 건 아니다. 교관들의 역할은 이러한 감각을 선천적으로 갖추지 못한 나머지 대다수, 어쩌면 90퍼센트 이상의 신입이 훈련을 통해 기술을 익히고 몸에 밸 수 있도록 돕는 데 있다.

그래서 훈련의 핵심은 상황에 맞는 정답을 외우는 것이 아니다. 요청하는 고객의 눈동자가 흔들리며 불안해 보이지는 않는지, 언성이 높아질 기미가 있는지, 손가락 끝의 움직임에서 다급함이 느껴지지는 않는지, 혹은 지나친 차분함이 오히려 마음을 굳혔다는 신호는 아닌지, 자세를 자주 바꾸거나 몸을 들썩이는 모습이 불편함을 드러내는 것은 아닌지 등 수많은 신호를 머리가 아닌 몸으로 익혀 자동적으로 반응이 나오도록 훈련하는 것이다.

그리고 그 모든 과정에서 가장 중요한 원칙이 있다. 상대방의 몸짓과 표정은 언제나 말보다 감정을 먼저 드러낸다는 사실이다. 그 미세한 신호를 읽어낼 수 있을 때 비로소 우리는 한 걸음 더 가까이 다가가 진짜 대화를 시작할 수 있다.

우리는 사람을 만날 때 무엇을 먼저 볼까? 그 사람이 하는 말일까?

말할 때의 표정일까, 아니면 말투일까? 리처드 밴들러와 존 그린더가 개발한 심리 기법인 NLP(Neuro-Linguistic Programming) 이론에 따르면, 사람은 자신의 내면을 세 가지 방식으로 드러낸다고 한다.

그 세 가지 중 첫 번째는 B-Body다. 이는 말보다 먼저 반응하는 신체 언어를 뜻한다. 예를 들어, 상대의 손이 떨리거나, 자꾸 머리를 만지거나, 어깨가 움츠러드는 모습은 긴장을 나타낼 수 있다. 반대로 마음이 편안한 사람은 몸이 자연스럽고, 시선도 상대에게 집중되어 있다.

두 번째 M-Mood는 감정이다. 이는 말투와 분위기로 드러나는데, 목소리가 떨리거나, 속도가 빨라지거나, 말끝을 흐리는 것은 불안감을 나타낸다. 반면 차분한 목소리와 미소는 자신감과 여유를 표현한다.

마지막 W-Word는 단어다. 단어는 우리가 전하고자 하는 내용이다. 때로는 정보 전달의 말일 수도 있고, 마음의 표현일 수도 있다. 하지만 상대가 "괜찮아요"라고 말하면서 표정이 굳어 있고, 분위기가 무거우며, 눈을 마주치지 않은 채 미간을 찌푸리고 있다면? "괜찮다"는 말은 믿을 수 없는 말이 되어버린다. 우리는 몸과 감정에 귀를 기울여야 한다. 말은 가장 늦게 반응하고, 몸과 감정이 먼저 진실을 말하기 때문이다. 그래서 신체 언어, 감정, 단어가 일치하면 말과 마음이 연결된 상태라고 볼 수 있고, 어긋나면 말보다 몸과 분위기의 신호를 먼저 읽어야 한다.

상대방을 바라보며 상대방의 상태를 읽는 것을 심리적 정보 수집이라고 한다. 상대방의 동작, 호흡 상태 등을 읽는 것이기도 하고 라포가 잘 형성되어 있는지, 끊겼는지 관찰하는 것이기도 하다. 상대방의 표정이나 몸짓, 숨결 등을 통해서 그 사람의 상태를 파악할 수 있는 사람은 상대방의 감각을 빠르게 읽어낸다. 그들은 '말'을 들으면서도 동시에 상대방의 '전체적인 반응'을 자연스럽게 읽어내는 것이다.

남녀의 연애 과정을 담은 <하트시그널>이라는 프로그램을 보면, 눈길을 사로잡는 예쁘고 잘생긴 출연자들이 많이 등장한다. 하지만 단순히 예쁘고 잘생긴 외모 때문만이 아니라 함께 지내는 동안 서로를 세심히 배려하고 살피는 모습에 자연스럽게 마음이 끌린다. 마치 상대의 마음속을 읽어내듯 반응하는 자연스러운 배려와 세심한 대화가 그들을 더욱 매력적으로 보이게 했다.

영상을 보고 있노라면, "어쩜 저렇게 상대의 마음을 재빠르게 읽고 자연스럽게 반응할까" 하고 감탄하게 된다. 가장 인기 있던 한 출연자는 맞은편 사람이 긴장한 듯 어깨를 움츠리는 순간을 알아채고 말없이 담요를 건네며 그녀의 마음을 살펴주기도 하고, 대화 속에서 소외된 듯 두리번거리는 친구를 보고 은근히 화제에 끼어들 수 있도록 질문을 던지기도 했다. 함께 있는 상대가 웃으면 따뜻하게 웃음으로 화답하고, 상대방이 보이는 표정이나 미세한 행동의 변화에 민감하면서도 자연스럽게 반응하는 모습이 신기했다.

말은 포장할 수 있지만, 몸과 분위기는 꾸미기가 어렵다. 우리는 상대가 보내는 몸짓 언어의 신호를 섬세하게 읽어낼 수 있어야 한다. 그러나 그것은 단순한 기술만으로는 어렵다. 스스로를 깊이 들여다보고 성찰해 본 사람만이 타인의 마음도 알 수 있다. 진심 어린 관심이 있을 때만, 상대의 온기와 감정이 온몸의 감각을 타고 전해져 오는 것이다. 결국 상대를 이해하는 힘은 내면의 성찰과 따뜻한 관심에서 비롯된다.

알프레드 아들러는 말했다.

"공감이란 다른 사람의 눈으로 보고, 다른 사람의 귀로 듣고, 다른 사람의 마음으로 느끼는 것이다."

언어 습관이 뇌를 바꾼다, 신경가소성

얼마 전, 오랫동안 승무원을 준비하고 드디어 승무원이 되어 열심히 일하는 후배에게서 전화를 받았다. 목소리는 잠겨 있고, 숨을 쉴 때마다 울음이 비집고 나왔다.

"선배님, 저 진짜 너무 힘들어요. 저 같은 사람이 손님을 응대해도 되는 걸까요? 제가 너무 부족한가 봐요. 왜 이렇게 불만을 말씀하는 분들이 많은 거죠? 저한테 문제가 있는 것 같아요. 다 제 탓 같고, 저 때문에 팀 선배님들께도 민폐인 것 같고. 제가 그만둬야 하나 봐요.

하루하루가, 버티기가 너무 버거워요."

그녀는 그렇게 말하며 울먹였다. 비행을 다녀오면 몸은 천근만근 무겁기만 하고, 체력이 따라주지 않아 장거리 노선은 늘 수액을 맞아가며 겨우겨우 버틴다고 했다. 쉬는 날에는 하루 종일 잠만 자고, 도착지에 가서도 여행은커녕 밥 한 끼 제대로 챙겨 먹지 못한 채 호텔에 들어가 쓰러지듯 잠들고, 다시 유니폼을 입고 돌아오기를 반복했다. 그 후배는 감정의 열이 오르듯 몸살을 앓으며 스스로를 갉아먹는 말 속에 점점 지쳐가고 있었다. 듣는 내내 마음이 아팠다.

너무 예쁜 후배였는데, 입사했다고 축하한 지 1년도 채 지나지 않았는데, 그 후배는 감정노동자들이 흔히 겪는 번아웃과 자존감 붕괴로 이어지는 위험한 심리적 함정에 빠져 있었다. 세상에는 좋은 고객도 있지만, 대부분은 평범한 보통의 고객들이다. 하지만 우리가 감당해서는 안 되는 진상 고객, 회사 차원에서도 단호하게 끊어내야 하는 블랙리스트 고객도 분명히 존재한다. 그런데 후배는 그 모든 상황을 자신의 탓으로 돌리고 있었다. 부당한 요구를 하는 고객들의 욕설과 화까지도 고스란히 온몸으로 받아내고 있었기 때문이다. 후배는 자신이 고객의 화를 더 돋운 건 아닐까, 자신의 말투나 행동에 문제가 있는 건 아닐까 하며 스스로를 자책하고 있었다. 마치 고객의 기분까지도 자기가 조절했어야 했다는 듯이 말이다.

이는 심리학에서 말하는 '과잉 책임감'의 전형적인 패턴이다. 즉, 자신이 통제할 수 없는 영역까지도 내 책임이라고 믿고 감정을 짊어지는 상태다. 이런 패턴이 반복되면 감정노동자에게 반드시 필요한 '감정 경계'가 무너지기 시작한다. 어디까지가 고객의 감정이고, 어디까지가 나의 몫인지 점점 흐려지는 것이다. 감정노동자라고 모든 것을 참아가며 고객의 감정을 받아내야 하는 것은 아니다. 분명 공감과 이해가 필요한 부분이 있다. 하지만 상식적인 경계가 넘어가는 순간에는 자신을 지켜야 한다. 감정 경계를 명확히 하지 않으면, 어느 순간 '내 감정은 중요하지 않아. 내 감정을 표현해서는 안 돼', '상대가 기분 나빠하면 그건 내 잘못이야. 내가 부족해서야'라는 왜곡된 믿음으로 굳어질 수 있다.

자동차 영업 교육에서 만난 영업 사원 A씨는 고객에게 전화를 걸 때마다 상처를 받는다. 고객의 냉랭한 목소리, 차가운 반응에 준비했던 말이 모두 사라지고, 마치 잡상인 취급을 당한 듯한 기분에 빨리 전화를 끊고 싶어진다고 했다. 그의 마음속에는 불안과 자책이 점점 쌓여가고, 매주 할당된 전화를 걸 때마다 스트레스가 심해졌다. 고객에게 차량에 대해 설명도 하고 방문 혜택도 설명하면 되는데, 수화기 건너편에서 들려오는 무심한 목소리에 온몸이 굳어버린다고 했다. 그럴 때마다 A씨는 '내가 부족해서 그래. 내가 더 친근하게 다가가지 못해서 그런 거야'라는 생각에 사로잡혔다.

후배 승무원과 A씨는 부정적인 경험을 반복하며 부정적 패턴을 뇌에 학습하고 있었다. 심리학에서 말하는 신경가소성(Neuroplasticity)의 원리는 우리의 뇌가 반복된 경험을 통해 새로운 신경 회로를 형성하고, 기존의 반응을 자동적으로 강화한다는 것이다. 후배는 진상 고객의 태도를 자신의 미숙함 때문이라고 했다. 고객의 불만은 곧 자신의 잘못이라는 인식으로 이어졌고, 그 결과 자신감을 잃으며 결국 '나는 이 일에 맞지 않는 사람'이라는 자기비난의 굴레에 갇히고 말았다. A씨 역시 마찬가지였다. 고객의 냉랭한 반응은 그의 뇌에 곧바로 '위협'으로 각인되었다. 냉담한 목소리를 들으면 불안이 밀려왔고, 이는 곧 자신감 상실로 이어지며 "빨리 전화를 끊고 싶다"라는 극심한 스트레스 상황으로 발전했다.

이처럼 부정적인 신경 회로는 반복될수록 더 단단히 굳어진다. 어느 순간부터는 고객의 목소리를 듣는 것만으로도 A씨의 뇌는 조건반사처럼 '도망쳐야 한다'고 반응해 버렸다. 그러니 이들이 겪는 스트레스가 얼마나 클지는 굳이 말하지 않아도 짐작할 수 있다.

그러나 신경가소성의 진짜 핵심은 바로 여기서부터 시작된다. 우리의 뇌는 언제든 새로운 패턴을 학습하고, 달라질 수 있다는 점이다. 후배가 진상 고객의 감정 쓰레기통 역할을 멈추고, 통제할 수 없는 부분을 자신의 잘못으로 떠안지 않는다면 변화는 시작된다. 대신 좋은 고객에게 더 나은 서비스를 제공하기 위해 에너지를 쓰기로 선택한다면, 그녀의 뇌는 자연스럽게 새로운 회로를 형성한다.

A씨 또한 자신이 '주어진 페르소나'를 수행하는 중이라는 사실을 자각하고, 고객의 냉랭한 태도를 개인에 대한 거부가 아니라 단순한 상황적 반응으로 받아들여야 한다. 그 순간부터 그의 뇌는 '부정적

회로' 대신 '긍정적 회로'를 강화하며, 훨씬 더 편안하고 덜 소모적인 방식으로 고객을 대할 수 있게 된다.

신경과학자들은 "뇌는 반복된 언어를 곧 사실로 받아들인다"라고 말한다. 우리가 어떤 말을 반복하느냐에 따라 뇌는 그에 맞는 감정 회로와 행동 회로를 점점 더 굵고 단단하게 강화해 간다. 이 현상이 바로 신경가소성이다. 결국, 말은 생각을 바꾸고, 생각은 삶을 바꾼다.

먼저, 후배 승무원은 자신감을 되찾고 자신의 역할을 다시 바라보았다. 매일 비행을 준비하며 성실히 노력하는 자신을 격려했고, 대부분의 고객과 좋은 관계를 맺고 있다는 사실을 인정하며 스스로를 칭찬했다. 할 수 있는 것과 할 수 없는 것을 구분하려 애썼고, 진상 고객의 범주를 명확히 정했다. 더 이상 어찌할 수 없는 상황에 얽매이지 않고, 그 순간을 깔끔히 비워내는 연습을 했다. 비행 전 거울 앞에서 긍정적인 말을 반복하다 보니 어느새 비행이 즐거워졌고, 몸과 마음도 한결 가벼워졌다.

A씨 또한 자신의 역할을 새롭게 정의했다.

"나는 고객의 반응에 상처받을 이유가 없다. 나는 단지 영업 사원의 페르소나를 수행하고 있을 뿐이며, 고객의 반응은 나라는 사람이 아니라 그 역할에 대한 반응일 뿐이다."

이 깨달음은 A씨에게 중요한 전환점이 되었다. 그는 고객의 반응을 다르게 해석하기로 했다. 바쁘고 무관심한 고객에게는 짧고 명확하게, 관심을 보이는 고객에게는 상세하게 설명하는 식으로 유연하게 대응했다. 고객의 태도를 민감하게 읽으며 그 니즈에 맞춰 행동하자, 더 이상 무뚝뚝한 목소리에 상처받지 않고 거절로 받아들이지도 않았다. 그리고 매일 아침 긍정적 자기암시로 하루를 시작했다.

"고객의 반응이 무뚝뚝한 건 나를 무시해서가 아니라 전화를 받지 못하는 바쁜 상황이어서일 수 있다." "고객이 원하는 타이밍에 언제든 필요한 정보를 제공하면 된다." "모든 상황의 고객을 만족시킬 수는 없다."

긍정적 사고의 반복은 A씨의 뇌에 새로운 신경 회로를 형성했다. 처음에는 여전히 불안했지만, 점차 고객의 반응에 흔들리지 않게 되었고, 마침내 고객의 태도를 통해 자신을 평가하지 않게 되었다. 대신 고객의 상황을 이해하며, 한결 편안하고 안정된 마음으로 소통할 수 있었다.

결국 선택은 내 몫이다. 내가 반복하는 말이 뇌에 길을 내고, 그 길이 태도가 되며, 태도가 곧 삶의 방향이 된다. 감정노동자에게 필요한 것은 억지로 짓는 미소가 아니다. 뇌가 진짜로 믿을 수 있는 말을 매일 반복해야 한다. 단단한 마음을 가지려면 단단한 말을 매일 자신에게 들려줘야 한다.

"나는 최선을 다했고, 앞으로 더 잘할 거야." "어느 누구도 나를 함부로 할 수 없어. 나는 소중하니까."

이런 말은 단순한 위로가 아니라 스스로를 지켜내는 가장 현실적이고 과학적인 방패다. 많은 감정노동자가 '참는 법'은 배웠지만, '스스로를 지켜주는 말'은 배우지 못했다. 비난의 길을 만들지, 희망의 길을 만들지는 결국 내가 어떤 말을 선택하느냐에 달려 있다. 말은 우리의 뇌를 다시 그리는 신호이며, 삶을 새롭게 설계하는 가장 현실적이고 과학적인 도구다. 오늘 무심코 내뱉은 한마디가 내일의 뇌 지도를 긍정의 방향으로 이끌고 나의 미래를 만든다.

감각은
당신의 뇌를 깨우는 스위치다

미니(MINI) 직원분들을 만나기 위해 부산을 찾은 적이 있다. 미니라는 브랜드는 전시장에 들어서는 순간부터 다른 자동차 브랜드와는 뚜렷한 차별점을 보여준다. 검정 양복과 넥타이로 단정하게 차려입은 직원들이 빨갛고 파란 미니 앞에서 마치 오래된 친구처럼 친근하게 고객을 맞이한다. 'Not Normal'이라는 가치를 추구하는 미니는, 머리가 희끗한 유럽의 할아버지가 몰아도 멋스럽고, 젊은 세대가 타도 개성이 살아나는 독특한 브랜드 이미지를 선사한다.

미니가 만드는 장면들은 단순히 시선을 끄는 쇼가 아니었다. 미니는 고객들이 브랜드의 열정을 함께 느끼고, 그 라이프스타일을 공유하기를 원한다. 감각을 통해 전해지는 짜릿한 전율, 그러한 미니만의 고객 경험은 단 한 번으로도 브랜드 이미지를 깊이 각인시킨다.

"고객은 상품이 아니라 경험을 구매한다"는 말이 있다. 이것이 CEM(Customer Experience Management, 고객 경험 관리)의 핵심이다. 브랜드와 만나는 모든 접점인 광고, 진열, 시승, 심지어 향기와 소리까지도 전략적으로 설계해 고객이 느끼고, 반응하고, 기억하게 만드는 것이다. 그렇기에 요즘 기업들은 단순히 '좋은 제품'을 만드는 데 그치지 않고, 그 제품을 어떻게 경험하게 할 것인가에 집중한다.

왜 이런 브랜드 마케팅을 하는 것일까? 인간의 뇌가 감각을 건드릴 때 훨씬 더 강하게 반응하기 때문이다. 후각, 청각, 시각, 촉각이 동시에 작용하면 '정보'가 아니라 '감정'과 연결된다. 그리고 감정이 수반된 기억은 훨씬 더 오래 더 깊게 남는다.

이러한 감각적인 브랜드 경험은 기업 마케팅에만 해당하는 이야기가 아니다. 사람도 마찬가지다. 우리는 대화할 때 단순히 '말'만 주고받지 않는다. 표정, 시선, 몸짓, 손짓, 목소리의 억양과 속도, 심지어 침묵의 순간까지. 말보다 훨씬 많은 것이 함께 전달된다. 비언어적 신호는 말보다 더 큰 힘을 가진다. 같은 내용을 전하더라도 어떤 이는 따뜻한 신뢰를 남기고, 또 다른 이는 차갑고 불쾌한 인상을 남긴다. 그 차이는 비언어적 신호에서 비롯된다.

결국, 대화는 언어가 아니라 감각 전체가 빚어내는 경험인 것이다. 감각을 활용하면 내가 전하고자 하는 메시지를 훨씬 더 매력적으로 전할 수 있다. 미니가 대담하고 감각적인 방식으로 브랜드를 각인시키듯, 우리 또한 말에 감각을 더할 때 언어 이상의 것을 전달할 수 있다. 사람의 마음을 움직이는 것은 단순한 문장이 아니라 감각으로 기억되는 경험이기 때문이다.

감각이 담긴 말은 뇌를 움직인다. 단순한 말은 사람들에게 깊은 인상을 주지 못한다. 말 속에 담긴 감각이 뇌를 자극하고, 감정과 기억을 움직이며, 결국 현실을 변화시킨다. 에모리 대학교의 연구에 따르면, 감각적 표현이 포함된 문장을 들을 때 뇌의 감각 피질이 실제로 활성화된다고 한다. 다시 말해, 뇌는 그것을 언어로 처리하지 않고, 실제 경험처럼 착각하는 것이다. 이것이 바로 감각 언어의 힘이다.

"그 사람은 따뜻한 사람이야"라는 말을 들으면 '온기'를 감지하는 뇌 부위가 반응한다. "이번 프로젝트는 책임이 무겁다"라는 표현은 실제로 무게를 느낄 때 활성화되는 운동 피질을 자극한다. 이처럼 은유(metaphor)를 활용한 감각 언어는 뇌의 특정 영역을 실제 경험처럼 활성화시키며 듣는 사람의 신경 시스템 전체를 '움직이게' 만든다. 이것은 뇌과학이 밝혀낸 놀라운 사실이자, 우리가 '말'을 전략적으로 사용해야 하는 이유다. 말이 눈앞에 그림이 되어 펼쳐질 때, 뇌는 강렬하게 반응한다.

"나는 파도 위에서 서핑하듯 도전을 즐겨."

이런 문장을 들었을 때, 우리의 뇌는 바다에서 서핑하고 있는 듯한 반응을 보인다. 몸이 바다의 움직임을 상상하고, 긴장과 균형을 잡는 느낌을 떠올리며, 도전을 더 유연하고 에너지 넘치게 받아들일 준비를 한다. 반대로 "난 실패했어. 이제 끝이야"라는 말은 뇌에 위협 신호를 보내 스트레스를 유발하고, 자기 효능감을 급격히 떨어뜨린다. 같은 상황을 마주하더라도 어떤 언어를 선택하느냐에 따라 뇌의 해석과 반응은 완전히 달라진다.

성공하는 사람들은 이 메커니즘을 직관적으로 알고 있다. 그들은 스스로에게 힘을 주는 언어, 감각을 불러일으키는 생생한 말을 의도적으로 선택하고 반복한다. 그 말이 뇌를 생생하게 설득하고, 감정을 머리끝부터 발끝까지 깨우며, 끝내 원하는 삶의 방향으로 나아가게 만드는 동력이 된다.

감각 언어는 우리 안의 생생함을 깨우는 열쇠다. 말은 정보를 전달하는 수단만이 아니라 감각을 일으키는 도화선이다.

"뜨거운 열정으로 가슴이 뛴다." "마음이 꽁꽁 얼어붙었다." "가슴이 뛰는 일을 찾아라."

이런 표현은 단순한 비유가 아니라 듣는 사람의 뇌를 자극해 감정과 공감을 불러일으킨다. 그러니 이제는 무슨 말을 할 것인지에 더해, 어떻게 감각적으로 말할 것인지를 고민해야 한다. 우리의 말이 생생할수록 생각은 더 단단해지고, 삶은 더 강력한 에너지로 움직이기 시작한다.

사람마다 세상을 인식하는 방식이 조금씩 다르다. 누군가는 머릿속에 장면을 그림처럼 떠올리며 눈앞에 펼쳐진 풍경과 색감을 중요하게 기억한다. 또 어떤 이는 말의 리듬과 멜로디에 민감해 전화로 대화하는 것을 좋아하고, 상대의 목소리에 쉽게 반하기도 한다. 또 다른 이는 분위기나 감정을 온몸으로 느끼며, 말보다 상대가 주는 따뜻한 기운이나 편안함에 민감하게 반응한다.

NLP 심리이론에 따르면 사람마다 어느 감각 채널을 더 선호하고 자주 쓰는지가 다른데, 그것을 VAK 모델로 설명했다. VAK는 Visual(시각), Auditory(청각), Kinesthetic(신체감각)의 약자로, 사람이 세상을 인식하는 데 세 가지 대표적 감각 채널이 있다고 보는 것이다. 인간은 생각보다 훨씬 감각 중심적인 존재다. 어떤 정보를 받아들이든, 기억하든, 상상하든 알고 보면 그 과정에는 늘 시각적인 요소, 청각적인 요소, 신체감각적인 요소가 함께 움직인다.

VAK를 활용하면 사람들의 무의식에 더 직관적으로 스며들 수 있고, 신경계 반응(느낌, 감정, 이미지 등)을 자극해서 변화와 몰입을 더 쉽게 이끌어낼 수 있다. 다음 감각 중 나에게 가장 많이 해당하는 영역이 있다면, 그것이 나의 주 감각일 수 있다.

V 유형: 시각 중심

- 사람 얼굴이나 장소는 잘 기억하는데, 이름은 자주 잊는다.
- 종이보다 칠판이나 슬라이드 화면이 이해가 더 잘 된다.
- 말보다 다이어그램, 마인드맵, 색깔로 정리하는 걸 좋아한다.
- 상상하면 장면이 선명하게 떠오른다.
- 깔끔한 PPT나 필기를 좋아하고, 인테리어 감각이 있는 편이다.

시각 중심 사람은 "그림이 그려진다", "눈앞에 선하다", "그 장면이 머릿속에 영화처럼 떠오른다" 같은 말을 자주 쓰며, 자신도 모르게 시각적 표현을 많이 사용한다. 실제로 고객 상담이나 영업 현장에서도 이런 차이가 중요한 역할을 한다. 고객의 성향에 맞춘 설명을 통해 판매에 성공한 예도 있었다.

"이전에는 '이 차가 연비가 좋고 옵션이 풍부하다'라고 설명했거든요. 그런데 이번에는 '이 차, 보시면 전체 비율이 굉장히 안정적으로 보이실 거예요. 실내 디자인도 정제된 느낌이고요. 특히 주행할 때 앞유리로 펼쳐지는 시야가 정말 시원해서 스트레스가 확 내려갑니다'라고 했더니 고객이 '아, 그 말이 딱 와닿네요'라며 고개를 끄덕였고, 그 자리에서 계약까지 이어졌어요."

그는 이 경험을 통해 고객의 성향에 맞춰 설명하는 것이 얼마나 큰 힘을 발휘하는지 뼈저리게 깨달았다고 한다.

A 유형: 청각 중심

- 노래 가사를 한 번만 들어도 잘 외운다.
- 말투나 억양에 민감하다. ("기분 나빴어"가 아니라 "말투가 그랬어")
- 무언가를 배울 때 소리 내서 말하거나 설명을 듣는 것이 효과적이다.
- 공부할 때 주변 소음에 예민하거나 음악을 틀어야 집중된다.
- 혼잣말이 잦고, 말로 정리하면 생각이 정리된다.

청각 중심의 사람은 "잘 들린다", "귀에 쏙 들어온다", "그 말 톤이 너무 좋았어" 같은 표현을 자주 쓰며, 말소리, 음색, 리듬 같은 요소에 특히 민감하다. 실제로 음악을 즐기고, 조용한 상담 환경을 선호하는 고객이라면 단순히 제품의 스펙을 나열하기보다 청각적 경험을 강조하는 설명이 더 효과적이다. 예를 들어, "혹시 평소 조용한 주행을 선호하시나요? 이 차는 엔진음이 굉장히 부드럽고, 문을 닫을 때도 둔탁하게 울리지 않고 감기는 듯한 안정된 소리가 나요. 탑승해서 음악을 틀면 오롯이 음악에만 집중하실 수 있을 거예요"라고 고객의 감각 채널에 맞춰 설명을 건네면, 그 순간 고객은 머릿속에서 '조용하고 편안한 주행'의 소리를 경험할 것이다.

K 유형: 신체감각 중심

- 장소를 기억할 때 냄새, 온도, 분위기가 먼저 떠오른다.
- 말보다 행동, 분위기, 느낌으로 이해하는 편이다.
- 마음이 복잡하면 일단 산책하거나 몸을 움직이고 본다.
- 긴장하거나 감동받으면 몸에 반응이 먼저 온다. (심장 쿵, 땀, 소름 등)
- 물건을 직접 만지거나 체험해 봐야 이해가 된다.

신체감각 중심 사람은 "느낌이 좋아", "가슴이 울렸다", "그 공간에 들어서자마자 뭔가 따뜻한 기운이 느껴졌어" 같은 표현을 자주 쓰며, 구체적인 데이터나 설명보다 몸으로 느껴지는 분위기와 감정을 더 크게 신뢰한다.

이런 고객에게는 단순히 차량 성능을 강조하기보다는 경험적인 언어가 훨씬 효과적이다. 예를 들어, "이 차에 앉아보시면, 시트가 몸을 감싸는 듯한 편안함을 느낄 거예요. 장거리 운전 후에도 몸이 덜 피곤하고, 핸들을 잡는 순간 묵직하면서도 안정된 느낌이 전해질 겁니다. 차에 타고 문을 닫으면 바깥의 소음이 차단되고 안락한 공간에 있는 듯한 안정감이 느껴질 거예요."

 이렇듯 '느낌'이라는 언어를 통해 제품을 경험하고, 그 감각이 구매 결정으로 이어지는 경우가 많다. 결국 시각형, 청각형, 신체감각형의 특성을 이해하고 그에 맞는 언어로 다가갈 때, 설명은 단순한 정보 전달을 넘어 '고객의 경험'이 된다.

감각 자기진단 워크시트

"나의 주 감각을 찾아보자."

다음 문장을 읽고, 평소 나의 말하기 습관과 가장 가까운 표현에 ✔ 표시한다.(총 18문항)

V유형: 시각 중심

번호	문장	✔
1	나는 이야기를 들으면 장면이 먼저 그려진다.	☐
2	사람의 인상이나 표정을 먼저 본다.	☐
3	"그림이 그려져요", "눈에 선해요" 같은 말을 자주 쓴다.	☐
4	메모할 때 색깔, 위치, 정렬이 중요하다.	☐
5	미래 계획을 세울 때 머릿속에 화면처럼 떠오른다.	☐
6	설명보다 그림이나 사진을 보고 이해하는 게 빠르다.	☐

A유형: 청각 중심

번호	문장	✔
1	누군가의 말투나 목소리 톤에 민감하다.	☐
2	"그 말이 좋네요", "들으니까 이해돼요" 같은 표현을 자주 쓴다.	☐
3	잡음이나 소음이 있으면 집중하기 어렵다.	☐
4	말할 때 문장의 리듬과 억양을 신경 쓴다.	☐

번호	문장	✔
5	누군가의 말 한마디가 오래 마음에 남는다.	☐
6	좋은 음악이나 목소리를 들으면 기분이 좋아진다.	☐

K유형: 신체감각형

번호	문장	✔
1	"느껴져요", "답답해요", "따뜻해요" 같은 말을 자주 쓴다.	☐
2	몸의 피로나 긴장감이 감정에 바로 영향을 준다.	☐
3	사람을 만나면 분위기나 에너지를 먼저 느낀다.	☐
4	생각보다 감정이 몸으로 먼저 반응한다.	☐
5	손으로 만져보거나 직접 해봐야 이해가 된다.	☐
6	누군가의 말이 "마음에 와닿는다"는 표현을 자주 쓴다.	☐

점수 정리표

감각 유형	체크 개수	주요 특성 키워드
V(시각형)	☐ / 6	장면, 색깔, 공간, 이미지 중심
A(청각형)	☐ / 6	말, 리듬, 소리, 언어 중심
K(신체감각형)	☐ / 6	감정, 온도, 몸, 촉감 중심

사람의
마음을 여는
대화의
본질

'오.만.추'
오늘 만남에서 추구하는 것은?

　　우리는 종종 이런 실수를 저지른다. 퇴근하려는데, "이 과장 퇴근하나? 술 한잔할까?"라는 팀장의 갑작스러운 제안으로 저녁 약속이 잡힌다. '그냥 술 동무가 필요한 거겠지' 하며 별 의미 없이 자리에 앉는다. 그날따라 주말 캠핑 생각이 머릿속에 가득해 상사의 말이 귀에 잘 들어오지 않는다. 술이 한잔 들어가자 기분이 좋아져 목소리가 점점 커진다. 어느새 상사는 관심도 없는 캠핑 장비에 대해 열을 올리며 얘기하고 있다. 다음 날 출근길, 목도 아프고 왠지 모를 찜찜함만 남았다. '너무 내 얘기만 한 것 같은데, 왜 그랬을까?'라는 후회가 머릿속을 떠나지 않는다.

갑작스럽게 고객과 약속이 잡혔다. 미처 준비하지 못한 상태로 급하게 고객과 만났다. 번잡한 회사 주변에서 식당을 찾으니 줄이 너무 길다. 고객과 함께 갈 장소를 검색하느라 계속 핸드폰을 들여다보고 있자니 고객이 오해할 수 있겠다 싶지만 어쩔 수가 없다. 겨우 들어간 장소는 데이트하는 젊은 연인들이 많이 오는 곳이라 고객과 식사하며 대화를 나눌 분위기가 아니었다. 급하게 잡힌 약속이라 어쩔 수 없다지만, 약속을 미루더라도 제대로 준비하고 만났어야 했나 후회가 밀려온다.

이런 순간들이 단순한 실수일까? 성인이 된 우리는 웬만한 만남에서 무의미한 시간을 허락할 수 없는 나이에 있다. 각자의 시간은 소중하고, 사람과의 관계는 더 소중하다. 그렇기에 모든 관계에는 노력이 필요하다.

만남에는 두 가지가 있다. 의미 있는 만남과 의미 없는 만남. 만남은 우리의 말과 태도로 그 의미가 결정된다. 의식해 노력하지 않은 만남은 결국 후회만 남긴다. 우리는 특히 사회적 관계 속에서 누군가와의 만남을 앞두고 마음의 준비를 해야 할 때가 있다. 그것이 때로는 관계에 대한 예의로 작용할지 모른다. 비즈니스적인 만남이라면 특히 더 상대방의 안부를 미리 떠올리고, 오늘 어떤 대화를 나눌지, 상대가 무엇에 관심이 있는지, 어떤 주제로 이야기를 나누면 좋을지 고민해야 한다. 그 작은 준비의 흔적이 대화에서 묻어 나온다.

물론 편안한 사람들과의 만남이라면 다르다. 삶의 고됨을 잠시 잊고 있는 그대로의 모습으로 마음을 풀고 만나면 된다. 하지만 이런 관계를 제외한 대부분의 만남에서는 반드시 서로 노력을 기울여야 한다. 그것이 당신이 만들어가는 관계에 대한 존중이자 예의다.

만남 전에 '오늘 만남에서 추구하는 것은 무엇인가?' 하고 잠깐이라도 떠올려보자. 상사와의 자리라면 상사의 이야기에 귀를 기울이고, 직장에서의 이미지와 태도를 갖춘 상태여야 한다. 업무와 관련된 적극적이고 긍정적인 소통을 목표로 할 수도 있고, 신뢰감을 보여주는 것이 필요할 수도 있다. 급하게 잡힌 고객과의 만남이라도 목적에 맞게 환경을 준비하고 의미 있는 만남이 될 수 있도록 전달해야 할 내용들을 머릿속에 정리한 후 만남을 가져야 한다. 그게 바로 상대방에 대한 존중이고, 우리의 만남이 더 깊어지는 방법이다.

오늘 만남에서 나는 무엇을 추구할 것인가? 단순한 질문처럼 보이지만, 이 질문이 만남을 소중하고 의미 있는 시간으로 만들 수 있다. 준비된 마음으로 만남에 임할 때, 우리의 말과 태도, 심지어 표정까지도 달라진다. 만남은 시간을 보내는 것이 아니라 의미를 만드는 것이다.

목적 없는 만남은 방향을 잃는다. 사람들은 종종 만남에서 자연스럽게 이야기가 흘러가기를 기대한다. 그러나 그 기대는 종종 오해와 어색함으로 끝난다. 목적이 없는 만남은 방향을 잃고, 흐릿한 대화와 산만한 시간으로 이어지기 쉽다. 아무 생각 없이 나간 자리에서 서로의 말이 어긋나고, 중요한 이야기를 놓치고, 때로는 의도치 않게 상대를 상처 입힐 수도 있다. 반대로, 목적이 분명한 만남은 에너지가 집중된다. 무의미한 말이 사라지고, 진정으로 나누고 싶은 이야기가 선명하게 드러난다. 내가 원하는 목표가 분명할 때, 대화의 초점이 잡히고 상대방의 반응을 잘 읽어낼 수 있으며 상대의 말 속에 숨겨진 감정을 이해하고, 내 메시지를 정확히 전달할 수 있다.

상대와의 관계를 깊이 있게 만들고 싶은가? 아니면 새로운 기회를 얻고 싶은가? 단순히 좋은 시간을 보내며 웃고 싶다면 그 자체로도 목적이 될 수 있다. 중요한 건, 만남을 앞두고 자신에게 물어보는 것이다. 질문 하나가 대화를 선명하게 한다. 마음의 방향을 정하고 만남에 임하면, 표정이 달라지고, 말의 온도가 달라지며, 분위기가 달라진다. 평범한 자리가 의미 있는 순간으로 바뀌고, 상대방의 마음도 천천히, 그러나 분명히 열린다.

만남은 의미를 만드는 시간이다. 무의미하게 흘려보내는 시간이 아니라 기억에 남을 순간을 만들어라. 이 단순한 질문으로 말에 품격을 더하고, 만남을 기억될 시간으로 바꿔보자. 당신이 준비한 만큼 대화는 깊어진다. 그리고 깊은 대화는 사람의 마음을 연다.

상대를 배려하는
마음이 먼저다

대화는 입에서 흘러나오는 것 같지만, 사실은 마음에서 먼저 시작된다. 어떤 말을 할까 고민하기 전에 상대를 향한 배려와 진정성 있는 마음을 품는 것이 중요하다. 내 안에 진심으로 상대를 위하는 마음이 있다면, 그 마음은 굳이 말하지 않아도 전해진다. 따뜻한 기운처럼 느껴지고, 상대는 자연스럽게 편안함을 느끼며 마음을 열게 된다.

우리는 흔히 말의 기술을 고민한다. 어떻게 말하면 더 설득력 있을까? 어떻게 표현해야 상대가 좋아할까? 하지만 말의 기술보다 먼저 준비되어야 할 것은 내 마음의 방향성이다. 그 마음이 진정으로 상대를 향해 있지 않다면, 아무리 좋은 말이나 설득의 언어도 공허하게 들릴 뿐이다. 말은 결국 내 마음이 걸어 나오는 길이기 때문이다.

겉모습은 서툴러도 마음이 담겨 있다면 상대는 그 따뜻함을 느끼고, 오히려 더 깊이 공감하게 된다. 반대로 내 생각만으로 가득한 말은 자칫 이기적으로 들리며, 듣는 이로 하여금 거부감을 불러일으킬 수 있다. 다섯 살 아이의 서툰 한마디가 감동을 주고 가슴을 울릴 수 있는 건, 그 속에 꾸밈없는 진심이 담겨 있기 때문이다.

친구가 힘든 시간을 보내고 있을 때, 가장 먼저 던져야 할 질문은 '친구에게 지금 가장 필요한 건 무엇일까?'다. 어떤 말을 건네야 할지,

어떻게 조언해야 할지를 고민하기보다, 그저 친구의 입장에서 마음을 헤아려보는 것이 중요하다. '이 순간, 이 친구는 어떤 말을 듣고 싶을까?' 고민하며 상대의 마음에 귀 기울이고, 그의 입장에서 생각해 보는 것, 바로 그 진심 어린 마음이 대화를 따뜻하게 만든다.

배려의 말이란, 마음의 중심에 '나'보다 '상대'를 먼저 두는 말이다. 단지 예의 바른 표현을 넘어, 마음을 다해 상대를 생각하는 진심에서 비롯되는 말이다. 상대방의 입장이 되어보고, 상대가 원하는 것을 생각해 보는 것은 결코 쉬운 일이 아니다. 때로는 복잡하기도 하고, 번거롭게 느껴질 때도 있다. 그러나 내가 겪지 못한 일이라도 '저 상황이라면 얼마나 힘들까?' 하고 상상해 보려는 마음, 그리고 '상대가 조금 더 편안했으면 좋겠다'라는 따뜻한 의도가 있다면, 말은 자연스럽게 배려의 방향으로 흘러간다.

배려는 경험에서 비롯된다. 배려를 받아본 사람은 그 따뜻함이 어떤 것인지 알기에, 다른 사람에게도 배려를 베풀 줄 안다. 반대로, 자신을 먼저 생각하고 남에게 피해를 주지 않는 것만이 최선이라 여겨온 사람은 배려의 언어에 서툴 수밖에 없다. 받아본 적 없는 온기를 내어주는 일은 생각보다 쉽지 않기 때문이다.

말을 듣는다는 건,
그 마음 앞에 진심으로 마주 앉는 일이다

　　　　　　우리는 흔히 '경청'을 말하지만, 진정으로 상대의 이야기를 듣는 것은 생각보다 쉽지 않다. 사람들은 대부분 자신의 이야기를 하고 싶어 한다. 듣기보다는 말하기를 통해 자신의 생각과 감정을 표현하고, 존재를 확인하고 싶어 한다. 그것이 인간의 본능이다.

　그러나 노자는 《도덕경》에서 "아는 자는 말하지 않고, 말하는 자는 알지 못한다"라고 했다. 진정한 지혜는 말보다는 침묵에서 드러난다. 지혜로운 사람은 듣기를 좋아하고, 어리석은 사람은 말하기를 좋아한다고 한다. 이는 침묵을 유지하라는 의미가 아니다. 오히려 진정으로 지혜로운 자는 상대의 말 속에서 그들의 마음을 읽어내고, 그 마음과 공명하는 능력을 지닌다는 것이다.

　쇼펜하우어는 《인생론》에서 인간의 본질이 이기적이라고 했다. 대부분의 사람은 타인의 이야기를 듣기보다 자신의 이야기를 하고 싶어 하고 타인의 고통이나 기쁨보다 자기 앞에 닥친 문제와 감정에 몰두한다고 했다. 그것이 인간의 본능인 것이다.

　우리는 종종 누군가의 이야기를 듣는 듯하면서도, 속으로는 다음에 무슨 말을 할지 준비하거나, 상대의 이야기에 곧바로 내 경험을 덧붙이며 대화의 중심을 내 쪽으로 돌리려 할 때가 있다. 인간이라면 누구나 자신이 주인공이 되고 싶어 하는 본능이 있기 때문이다. 내

이야기를 하고 싶어 하는 것이 사람들의 공통된 특징이라면, 왜 우리는 어떤 이와의 대화에서는 편안함을 느끼고, 다른 이와의 대화에서는 피곤함과 불편함을 느낄까? 곰곰이 생각해 보면, 그 차이는 '내 이야기를 얼마나 잘 들어주는가?'에 달려 있다. 결국 사람들은 본능적으로 자신의 이야기를 하고 싶어 하기 때문에 결론은 단순하다.

누구나 좋아하는 사람은 상대의 이야기를 진심으로 들어주는 사람인 것이다. 말을 잘하는 사람이 아니라 마음을 다해 들어주는 사람이 결국 사람의 마음을 얻는다. 그러니 우리가 대화 상대를 만났을 때 가장 먼저 해야 할 일은 잘 들어주는 것이다. '진정으로 듣는다는 것'은 단순히 상대의 말에 고개를 끄덕이거나 맞장구를 치는 데 그치지 않는다. 상대의 말에 담긴 감정, 망설임, 숨겨진 의도를 읽어내는 일이다. 말의 이면에 있는 마음의 떨림을 감지하고, 그 떨림에 조용히 공명하는 것이다.

예를 들어, 친구가 "괜찮아, 아무 일도 아니야"라고 말할 때의 표정과 목소리 속에 스며든 작은 떨림을 알아차리는 것이다. 또는 아이가 "엄마가 뭘 안다고 그래!"라고 말할 때 자신을 감싸달라는 숨은 외침을 알아듣는 것이다. 진정으로 듣는다는 것은 상대가 말하지 않은 마음까지 함께 들어주는 일이다. 그런 사람과의 대화는 마치 깊은 호수에 돌을 던졌을 때 일어나는 잔잔한 파문처럼, 오래도록 마음에 여운을 남긴다. 반대로 말이 오고 가지만, 마음이 닿지 않는 대화는 마른 풀 위로 스치는 바람처럼 지나간다. 누군가의 이야기를 진심으로 들는다는 건, 그 사람의 마음 앞에 조용히 앉아 그 떨림을 같이 느끼는 일이다. 내 말과 생각으로 그 마음을 재단하려 하지 않고 그저 그 순간을 온전히 함께하는 것이다.

진정한 소통은 단순히 말을 주고받는 것이 아니다. 〈하트시그널〉이나 〈하트페어링〉 같은 연애 프로그램에서는 20~30대의 남녀들이 서로에게 마음을 열고, 호감을 확인하며, 조심스럽게 다가가는 모습을 보여준다. 시청자들은 그들의 미묘한 표정 변화와 한마디에 숨을 죽이고 바라보게 된다.

출연자들 중 가장 인기 있는 사람들의 대화 방식을 가만히 보면 진정한 소통의 원리가 자연스럽게 드러난다. 그들은 NLP 심리 이론에서 말하는 미러링, 백트래킹, 페이싱 같은 방법을 자연스럽게 사용하고 있었다. 그들이 이론적 기법을 알고 있어서 사용하는 것인지는 알 수 없다. 서로에게 집중하고, 상대의 감정을 읽고자 하는 진심이 이러한 소통 방식을 자연스럽게 이끌어낸 것일 수도 있다. 그렇다면 구체적으로 미러링과 백트래킹, 페이싱을 살펴보자.

미러링은 감정의 반영으로 공감하는 것을 말한다. 미러링은 마치 거울을 보듯이 상대방의 행동을 그대로 따라 하는 기법이다. 상대방과 눈을 마주치면 자연스럽게 미소를 짓는다. 그러면 상대방도 당연하다는 듯 미소로 답한다. 상대가 조금 긴장된 표정으로 말을 꺼내면, 진지한 표정과 목소리 톤, 속도로 분위기를 맞춘다. 상대방이 테이블로 가까이 다가서면 몸을 가까이 당기는 식이다. 이렇듯 상대의 동작이나 표정을 자연스럽게 반영하면서, 무의식적으로 심리적 유사성을 형성하는 방법이 미러링다. 미러링을 통해 마음이 통한다는 감각을 느끼게 된다. 미러링을 의식적으로 사용하지 않아도 마음이 상대에게 닿아 있으면 자연스럽게 발생하기도 한다.

백트레킹은 마음의 확인과 안정감을 주는 것을 말한다. 대화에서 가장 중요한 것은 상대방의 이야기를 잘 듣는 것이다. 자신의 이야기를 상대방이 잘 들어주고 있다고 느끼면 라포가 쉽게 형성된다. 상대의 말을 되돌려주거나, 요약하며 확인하는 장면을 방송에서도 자주 볼 수 있다. 호감을 느낀 상대방에게는 더더욱 그의 감정을 이해하려 노력하고, 맞장구를 치며 마음을 확인하려 한다. 상대의 말을 다시 확인하고, 감정을 되새기며 안정감을 제공하는 방법이 백트레킹이다. 백트레킹이 일어나면 대화가 매끄럽고 자연스럽게 이어지며, 상대는 자신의 감정이 존중받고 있다는 느낌을 받는다.

페이싱은 대화의 리듬을 맞추는 것을 말한다. 라포를 형성하기 위해 호흡이나 동작, 음조 등을 상대방과 맞추는 것이다. 대화를 나누다 보면 대화의 리듬이 서로에게 맞춰지는 순간이 있다. 상대방이 조용하고 차분하게 말할 때는 그 속도와 어조에 맞춰 대화를 이어간다. 상대가 말하는 속도와 에너지에 맞춰 대화의 흐름을 자연스럽게 이어가면, 심리적 안정감을 줄 수 있다. 반면, 상대가 밝고 웃음이 넘치는 분위기로 말하면 함께 목소리가 밝아지고 웃음이 많아진다.

때때로 페이싱을 하면서 상대방의 기분을 좀 더 나아지게 하는 리딩을 할 수도 있다. 가령 화가 나서 불만을 제기하고 있는 고객을 응대하는 경우라면, 차분한 호흡과 동작, 목소리로 상대의 빠르고 얕은 호흡이 침착해지도록 할 수도 있다. 상대가 말하는 속도와 에너지에 맞추며 대화의 분위기를 조화롭게 이어가는 방법이 페이싱이다. 페이싱을 통해 상대는 자신이 이해받고 있다는 느낌을 강하게 받는다.

다양한 연애 프로그램 안에는 우리가 일상에서 쉽게 지나쳐버리는 소통의 순간들이 고스란히 드러나 있다. 상대의 말에 온전히 귀 기울이고, 스쳐 지나가는 미묘한 감정까지 놓치지 않으며, 서로의 마음을 존중하고 표정과 눈빛만으로 마음을 읽어내는 모습에서 우리는 말 너머의 것을 새삼 느끼게 된다.

하지만 정작 일상에서는 진정한 소통을 자주 잊어버린다. 듣는 척만 하거나, 상대의 말을 중간에 끊고 내 이야기를 이어가며, 미리 준비해 둔 말로 대화를 채우곤 한다. 그러나 진짜 소통은 기계적으로 흘러가는 말 속에 있지 않다. 소통은 상대에게 마음을 열고 귀 기울이며, 그의 감정과 속도를 존중할 때 비로소 이루어진다. 말하지 않아도 전해지는 진심, 그 마음의 공명이야말로 대화를 대화답게 만드는 힘이다. 말을 잘하는 것보다 따뜻하게 들어주는 태도가 사람의 마음을 연다.

'쉼표의 힘' 말보다
마음에 닿는 침묵이 있다

병원 교육센터에서 고객 응대 교육이 한창 진행 중이었다. 간호사 A씨는 환자 역할을 맡은 동료 앞에서 진료 결과를 설명하고 있었다.

"검사 결과 몇 가지가 발견되었습니다. 유방에 작은 종양이 확인됐고, 현재로서는 악성인지 아닌지 추가적인 검사가 필요합니다. 하지만 너무 걱정하지 마세요. 초기 발견이 중요하고, 지금은 크기가 작아서 예후가 좋을 가능성이 높습니다. 추가적으로 3개월 후 추적 관찰을 통해, 또 필요하면 조직검사를 진행할 수 있고요. 치료 방법은 다양하게 있고, 항암치료나 수술도 있습니다. 요즘은 치료 효과가 매우 좋기 때문에."

A씨는 책을 읽듯 설명을 이어갔다. 환자 역할을 맡은 간호사 B씨의 표정이 점점 어두워졌고, 눈은 바닥을 향했다. 숨소리는 점점 깊어지고, 동공이 흔들리기 시작했다.

"혹시 이해가 안 되는 부분이 있으면 언제든 질문해 주세요. 추가 설명도 가능합니다. 검사 일정은…."

A씨는 설명을 멈추지 않았다. 나는 잠시 롤플레잉을 멈췄다.

"잠시 멈출게요. 환자 역할을 하신 분, 지금 기분이 어떠신가요?"

B씨는 깊게 숨을 내쉬며 천천히 입을 열었다.

"처음에는 설명을 이해해 보려고 했는데, 말이 계속되니 점점 더 혼란스러웠어요. 갑작스러운 결과를 받아들이기도 전에 설명을 계속하니 제 머릿속은 이미 암이라는 소리에서 멈췄던 것 같아요."

A씨는 "저는 환자분을 안심시키려고 더 설명을 한 건데"라고 했다. 하지만 중요한 건 정보를 많이 주는 것이 아니라 환자가 그 정보를 받아들일 수 있도록 잠시 멈춰 마음을 돌보는 것이다. 너무 많은 말은 오히려 불안만 키울 뿐이다.

B씨가 고개를 끄덕이며 "그냥 결과를 받아들일 시간을 주셨다면, 제가 종양이 있다는 것에 대해 생각해 보고 좀 더 궁금한 점을 여쭤볼 수 있었을 것 같아요"라고 말했다.

병원에서의 고객 응대는 단순히 정보를 전달하는 것이 아니다. 특히 암이나 심각한 질병처럼 환자가 받아들이기 힘든 진단 앞에서 설명보다 중요한 것은 환자의 마음을 다독여주는 쉼표의 시간이다. 그러나 많은 의료인은 쉼표를 두지 않고 쉴 새 없이 말한다. 물론 바쁜 것도 이해하지만, 진정한 소통은 쉼표에서 시작된다. 환자가 스스로 마음을 정리할 시간을 주는 것, 그것이야말로 진정한 의료적 공감이다.

쉼표가 두려운 걸까? 말을 멈추지 못하는 데는 이유가 있다. 자동차 영업 사원 C씨는 자신의 설명이 끊임없이 이어지고 있다는 걸 안다. 영업 사원 C씨는 새 차를 사기 위해 온 D씨를 반갑게 맞이하며 설명을 시작했다.

"이 차량은 최신형 모델로 연비가 탁월합니다. 또 안전장치가 업

그레이드되었고, 스마트 주차 보조 시스템도 탑재되어 있어요. 아, 여기 보시면 인테리어도 최고급 가죽 시트가 적용됐고, 무선 충전 패드도 기본 옵션입니다. 그리고….”

C씨는 멈추지 않고 차량의 사양, 옵션, 추가 혜택을 설명했다. D씨는 처음에는 고개를 끄덕이며 듣고 있었지만, 이내 표정이 굳어지고 시선이 차량 외부로 향했다.

"이 차량은 색상도 여러 가지 선택할 수 있고, 무이자 할부도 가능하며, 요즘 프로모션으로 추가 할인도 받을 수 있어요. 혹시 질문 있으시면 언제든 말씀하세요.”

D씨는 멍하니 바라보다가 고개를 끄덕였다.

"네, 좀 생각해 볼게요.”

C씨는 다시 말을 이어가려 했지만, D씨는 이미 전시장을 떠나려고 준비하고 있었다. 말이 너무 많으면 부담스럽다. 피드백 시간에 C씨는 자신이 고객에게 충분히 정보를 전달했다고 생각했다. 그러나 D씨는 "처음에는 좋은 정보를 얻는다고 생각했는데 점점 머리가 복잡해졌어요. 설명이 너무 많아 오히려 선택하기가 어려워졌고, 뭔가 질문하고 싶은데 말할 틈이 없었어요. 그냥 듣기만 하다 나왔습니다"라고 했다. 고객에게 좋은 정보를 전달하려는 마음은 중요하다. 하지만 쉼표가 없는 대화는 오히려 고객에게 부담을 주고 일방적이라는 느낌을 준다.

침묵이 두려워서 말을 채우는 사람들도 있다. 대화가 끊어지면 어색한 순간이 생길 수 있으니 계속 말하는 것이다. 그러다 보면 상대의 반응을 놓치기 쉽다. 대화를 하면서도 상대방이 얼마나 이해하고 받아들이고 있는지 표정과 반응을 살피는 것이 필요하다. 이는 어찌 보면 설명을 잘하는 것보다 훨씬 중요한 일이다.

쉼표를 잘 사용하기 위해서는 모든 정보를 한꺼번에 쏟아내기보다, 상대의 관심사에 맞춰 필요한 설명만 콕 집어 말할 줄 알아야 한다. 부분별로 설명하며 중간에 멈추고 질문해야 한다. 그리고 궁금한 점을 말할 경우에만 더 상세한 설명을 하면 된다. 침묵을 두려워할 필요는 없다. 상대가 생각할 시간도 필요하다. 상대가 고민하는 표정을 보이면 잠시 기다려주자. 상대방이 질문할 기회를 스스로 찾도록 해야 한다. 대신 상대방의 표정과 반응을 읽어야 한다. 시선이 흔들리거나 멍해지면 설명을 멈추고 상대방에게 넘겨야 한다.

"잠시 고민해 보시는 게 어떨까요?" "결정은 천천히 하셔도 괜찮습니다."

쉼표는 단순히 말을 멈추는 것이 아니다. 그것은 상대의 감정을 느끼고, 스스로를 돌아보며, 말로는 전할 수 없는 마음을 전달하는 시간이다. 그러나 많은 사람들은 침묵을 두려워한다. 대화가 끊어지면 어색함을 느끼고, 상대가 오해할까 두려워 서둘러 말을 채우려 한다. 그러나 진정한 소통은 채워진 말이 아니라 그 사이의 쉼표에서 시작된다. 대화에서 우리는 종종 쉼표를 간과한다. 쉼표는 말을 멈추고 생각을 정리하는 시간이다. 잠시 멈추는 그 순간의 짧은 침묵이야말로 '깊이 생각하고 답변을 드립니다'라는 신호가 될 수 있다.

대화에서 감정을 배려할 때도 쉼표가 필요하다. 친구가 힘든 일을 이야기할 때 "아, 그랬구나" 하고 잠시 침묵한 뒤 "정말 힘들었겠다"라고 덧붙이는 말은 단순한 위로를 넘어, 친구의 고통을 진심으로 공감한다는 마음을 전해준다. 쉼표는 소통을 깊게 만드는 작은 멈춤이다. 대화에서 쉼표는 깊이 있는 소통을 가능하게 하는 도구다.

말의 온도를 조절하라.
차가우면 거리감, 뜨거우면 부담감

대화에도 온도가 있다. 너무 차가우면 마음의 문이 닫히고, 너무 뜨거우면 상대는 한 걸음 물러선다. 적당히 따뜻한 말, 그 온도를 찾는 것이야말로 진짜 소통의 시작이다. 대화는 보이지 않는 기류와도 같다. 너무 차갑게 불어오면 상대의 마음이 얼어붙고, 너무 뜨겁게 달아오르면 숨이 막힌다. 서로가 비슷한 온도에 있어야 공기가 흐르고, 마음의 주파수가 통한다. 소통과 공감은 말의 온도가 맞을 때 자연스럽게 이루어진다.

딸아이가 어느새 훌쩍 커서 함께 여행을 다니며 대화할 시간이 많아졌다. 아들이 고3이라 올해는 특히 단둘이 떠나는 여행이 많았다. 한번은 "이번에는 아빠랑 둘이 다녀올래?" 하고 슬쩍 물어보니, 딸아이는 잠시 고민하다가 피식 웃으며 말했다.

"아빠랑 가면 심심해."

"왜? 아빠랑 가면 든든하지 않아?"

"응, 든든하기는 한데, 아빠랑 가면 재미가 없어. 엄마는 예쁜 거 보면 같이 '와, 예쁘다!' 하고 사진도 찍고 신나 하는데, 아빠는 뭐든 무표정으로 똑같잖아."

무엇을 하든 옆에 있는 사람이 어떻게 반응하느냐에 따라 그 순간의 즐거움이 달라진다. 같은 걸 보더라도 "와, 이거 진짜 예쁘다. 잘 어울리는데?", "이거 진짜 맛있다! 얼른 먹어봐" 하는 따뜻한 말과 공감 어린 반응이 있으면 그 순간의 즐거움은 배가된다. 대화의 온도는 바로 이런 차이를 만든다.

함께 여행을 떠나서도 감흥 없이 무뚝뚝하게 있는 것보다 자주 감탄하고 세세하게 표현하며 그 순간의 즐거움을 나눈다면, 그 여행은 단순한 여행이 아니라 마음 깊은 곳에 오래 머무는 추억이 된다.

타인과의 만남도 마찬가지다. 미팅 중에 상대방이 어딘가 불편해 보인다면, 환경이 낯설어서일 수도 있고, 자리가 불편해서일 수도 있으며, 혹은 옆자리가 시끄러워 집중하기 어려워서일 수도 있다. 그럴 때는 본격적인 대화에 들어가기 전 그 불편함을 먼저 살피고 조율하는 것이 필요하다.

"저쪽 조용한 자리로 옮길까요?" "아까 비가 많이 퍼붓던데, 오시는 데 괜찮으셨어요?"

미지근했던 상대의 온도가 따뜻한 배려가 담긴 한마디에 서서히 데워진다. 때로는 상대가 갑자기 다가올 때도 있고, 반대로 차갑게 거리를 두려 할 때도 있다. 그럴 때 필요한 것은 억지로 끌어당기거나 급히 피하는 것이 아니라 서로에게 가장 편안한 '적절한 거리'를 읽어내는 감각이다. 차가우면 거리감이 생기고, 뜨거우면 부담이 된다. 중요한 건 서두르지 않고, 천천히 서로의 온도를 맞추는 일이다.

누군가의 말은 얼음장처럼 차갑게 느껴질 수도 있고, 화로처럼 뜨겁게 다가올 수도 있다. 그러나 가장 오래 남고 깊이 스며드는 말은 따뜻한 온기가 담긴 적당한 온도의 말이다. 그래서 대화 초반에는 서로의 온도를 맞추어가는 과정이 필요하다. 흔히 '스몰토크'라 부르는 짧고 가벼운 대화가 그 역할을 한다.

"여기 커피 맛있대요. 직접 로스팅도 한다던데요." "점심은 맛있는 거 드셨어요?"

이런 말은 단순한 잡담이 아니라 서로의 거리를 좁히고 마음의 온도를 조율해 주는 따뜻한 예열의 말이다. 부담감 없는 작은 이야기들은 서로의 온도를 느끼고, 조절할 수 있는 여유를 준다. 시간이 흐를수록 상대의 마음이 차분히 내려앉는 걸 느낄 수 있다. 말이란 '건네는 것'이 아니라 '건너가는 것'이다. 온도가 맞지 않으면 말은 다리 건너 상대에게 닿지 않고 허공만 떠돌 뿐이다.

말의 온도를 조절한다는 것은 내 기분대로 말하는 것이 아니다. 상대의 마음이 머물기 편한 온도를 관찰하고 찾아가는 일이다. 차갑지도, 뜨겁지도 않은 적당히 따뜻한 온기 속에서 비로소 말은 다리가 되고, 마음은 다가서며, 관계는 깊어진다. 너무 차가워도, 너무 뜨거워도 곤란하다. 적당히 따뜻하고 편안한 온도에서, 말은 서로의 마음속에 스며들 수 있다.

숨은 시그널 알아채기

"상대방의 속마음을 읽는 미세 시그널을 포착하라."

우리는 살면서 수많은 엇갈림을 경험한다. 상대는 "응, 괜찮아!"라고 말하지만, 그 목소리에는 미세한 망설임이 묻어 있다. "저 진짜 아무렇지도 않아요"라고 하지만 눈빛은 허공을 헤맬지 모른다. 이처럼 말과 행동이 충돌할 때, 우리는 인간 레이더처럼 미세 시그널을 포착해야 한다. 상대방의 말보다 그 사람이 보내는 몸의 신호인 미세 시그널에 초점을 맞추는 것이다. 여섯 가지 부분을 통해 미세 시그널을 포착하는 방법을 알아보자.

	관찰 요소	톤, 템포, 볼륨, 피치
음성	주요 변화 및 의미	발성 자체가 미세하게 흔들리거나 불안정하고, 긴장으로 목 주변 근육이 수축되어 쥐어짜는 듯 불편한 소리가 난다면? : 강한 긴장과 스트레스 상태
		발음이 부정확하거나 웅얼거리듯 뭉개진다면? : 책임 회피 또는 자신감 결여의 표현
		평소보다 목소리가 높게 튀거나 부자연스럽게 낮아진다면? : 긴장, 흥분, 놀람, 분노의 표시
		리듬이 일정하고 부드럽고 음성이 자연스럽다면? : 안정감과 편안함, 상대에 대한 호감, 현재 대화에 몰입하고 있다는 신호
	관찰 요소	몸 방향, 상체의 기울기, 어깨의 긴장, 손과 팔의 움직임, 다리 자세

자세	주요 변화 및 의미	**상체를 앞으로 기울여 상대에게 가까이하면?** : 이야기에 관심 있고 존중하며 몰입하고 있다는 증거
		팔짱을 끼거나 뒤로 젖히면? : 철벽 모드 발동! 방어적이거나 거리를 두고 싶다는 의미. 흥미 부족. 무관심. 주제를 전환해 마음을 여는 것이 먼저다.
		손톱을 만지거나 머리를 꼬거나 다리를 떤다면? : 불안 및 초조. 지루함. 대화 내용이 불편하거나 빨리 끝내고 싶은 마음.
		손으로 턱이나 볼을 괴는 자세 : 대화에 시루함을 느끼거나 집중력이 떨어진 상태
호흡	관찰 요소	들숨과 날숨의 속도와 깊이, 호흡 리듬
	주요 변화 및 의미	**호흡이 짧고 가빠지면?** : 스트레스 경보! 심장이 빠르게 뛰고 있다는 증거. 잠시 심호흡할 시간적 여유를 줘라.
		호흡이 깊고 느려지면? : 이완과 안정 상태. 마음이 열리고 당신을 신뢰하고 있다는 긍정적인 신호
		대화 도중 긴 한숨이나 깊게 숨을 내쉬는 소리가 반복된다면? : 대화가 지루하거나 흥미가 없다는 의미. 대화 내용이 부담되거나 답답함의 표현
		당신의 호흡 리듬에 맞춰 상대의 호흡 리듬이 비슷해진다면? : 강한 공감대 또는 깊은 라포 형성의 신호. 상대에게 호의와 신뢰를 느끼고 있다는 긍정적 증거

	관찰 요소	눈동자의 공간적 위치, 깜빡임의 빈도
안 구 움 직 임	주요 변화 및 의미	**지속적이고 편안한 시선을 유지한다면?** : 마음의 문을 열고 진실되게 소통하려 하며, 메시지를 적극적으로 수용하고 있다는 긍정적인 신호 **눈동자가 오른쪽 위로 향하면?** : 새로운 이미지나 상황을 만들어내는 중. 뇌가 경험한 적 없는 이미지를 상상하거나 사실과 다른 이야기를 구성하고 있는 상태 **눈동자가 왼쪽 위로 향하면?** : 이미 본 이미지나 사실적 기억을 떠올리는 중. 뇌가 과거의 시각적 경험을 그대로 불러오고 있는 상태 **눈동자가 아래로 향하면?** : 자신의 감정이나 과거의 경험을 회상하는 중 **눈 맞춤이 짧게 끊어지고 주변 사물이나 다른 곳으로 시선을 방황하듯 자주 돌린다면?** : 대화에 흥미를 잃었거나 자리에 불편함을 느낌. 대화에 집중하지 못하는 상황이거나 마음의 문을 닫고 있는 상태
	관찰 요소	입꼬리, 눈썹, 미소의 지속 시간
표 정	주요 변화 및 의미	**미소가 짧고 인위적이면?** : 가식 또는 불편함의 신호. 형식적이거나 억지로 지은 표정 **입술을 꽉 다물거나 깨물기** : 방어적이거나 현재 의견을 고집하는 중. 상대 의견을 수용하기 어려움. 억압된 감정 표현 **한쪽 입꼬리만 올라가는 경우** : 경멸, 우월감. 비웃음. 상대를 얕잡아 보는 태도나 우월감의 표시

		눈의 움직임 중 미간에 주름 잡기 : 깊은 사고, 평가. 미간에 주름이 잡히고 눈을 가늘게 뜨는 것은 정보를 분석하고 판단하거나 집중하고 있다는 증거
		불필요한 긴장이 없고, 미소나 표정이 자연스럽다면? : 마음이 열리고 편안한 상태. 내적 갈등이나 스트레스 없이 상대방을 온전히 받아들이고 있다는 신호
	관찰 요소	안면 근육의 수축과 이완, 근육의 긴장
근육	주요 변화 및 의미	얼굴 근육이 떨리거나 경직되고, 피부색이 창백하거나 붉거나 푸르다면? : 심한 불편함, 긴장, 스트레스 상태. 자율신경계가 활성화되어 혈액 순환에 변화가 왔다는 신호
		턱을 앞으로 내밀며 근육에 힘을 주기 : 강한 고집, 반항심, 불만족. 아랫입술을 말아 넣거나 턱을 앞으로 내미는 행위는 자신의 의견을 굽히지 않겠다는 의지나 강한 불만 표시
		입술 주변 근육의 미세한 떨림 : 감정의 폭발 직전. 슬픔, 분노, 또는 극도의 불안 등을 억누르고 있는 상황
		미간이나 턱 주변 근육이 이완되어 표정이 자연스럽고 부드럽다면? : 심리적으로 편안하고 안정된 상태. 내부적으로 갈등이나 방어 심리가 없으며, 수용적이고 긍정적인 감정의 신호

* 미세 시그널은 해석이 아니라 인식하는 것이다. 한 가지 단서로 판단하지 말고 다양한 증거를 함께 관찰하자.

현명한
사람들이

말하는
태도

Part
4

말은 솔직하되, 언어에는 품격이 있어야 하고 감정은
표현하되, 조절할 줄 알아야 하며 충고는 해도, 선택은
상대의 몫으로 남겨야 한다. 진정한 우정과 신뢰는
'격을 지키는 친밀함' 속에서 자란다.

현명한 사람들의
말하기는
무엇이
다를까?

균형 있는 말하기를 한다

　　　　만나면 대화가 편한 사람들이 있다. 마치 선선한 저녁 무렵, 산책로를 걸으며 도란도란 이야기를 나누듯 너의 이야기, 나의 이야기 가릴 것 없이 서로의 이야기가 오가고, 서로의 생각이 덧붙여지고, 이야기는 무르익어 가슴속 이야기까지 꺼내며 상대도 조용히 귀 기울이다 따뜻하게 호응해 주는 그런 대화 말이다.

　편안하고 기분 좋은 그들에게는 어떤 공통점이 있을까?. 그 편안함은 자연스러움의 또 다른 모습이다. 모든 게 자연스러우니 편안함이 전달되는 것이다. 그렇다면 어떻게 편안하고 자연스러운 말하기를 할 수 있을까? 그 비결은 '말의 균형'에 있다. 균형 있는 삶이 흔들리지 않고 나아갈 수 있는 것처럼, 말하기에도 균형이 필요하다.

첫 번째는 주고받음의 균형이다. 대화는 혼자 하는 것이 아니다. 그런데 자기 말에 취해 대화를 독점하는 사람이 있다. 마치 탁구공이 자연스럽게 오가듯, 말도 적절한 타이밍에 부드럽게 주고받아야 한다. 누군가와 이야기를 나누다 보면 문득 '나만 너무 오래 말하고 있는 건 아닐까?' 하는 생각이 들 때가 있다. 그런 생각이 스쳤다면, 실제로 말이 길어졌을 가능성이 크다. 내가 하고 싶은 말을 멈추고, 상대가 원하는 대화 주제로 공을 넘길 줄 알아야 한다. 말을 혼자 독점하는 사람은 상대에 대한 배려가 없는 것이다. 몇 시간째 듣기만 하는 대화를 좋아할 사람은 어디에도 없다. 누군가와 대화를 나누었다면, 오늘의 대화가 어땠는지 대화의 균형을 점검해 볼 필요가 있다.

두 번째는 관심의 균형이다. 회사 회식 자리에서 한 직원이 캠핑에 다녀온 이야기를 풀어놓자 처음에는 모두가 흥미롭게 귀를 기울였다. 그러나 한 시간 가까이 캠핑 장비와 에피소드를 늘어놓자, 하나둘 스마트폰을 꺼내 들고 딴청을 부리기 시작했다. 듣는 이의 반응을 살피지 못한 채 자기 이야기만 이어가는 대화는 결국 누구도 즐겁지 않다. 균형 잡힌 대화를 위해서는 작은 배려가 필요하다. "이 대리는 주말에 뭐 했어?", "퇴근 후에 러닝 동호회 간다고 했지?" 등 자연스럽게 화제를 돌려주는 것이 상대를 배려하는 균형 잡힌 대화다.

현명한 사람이라면 '내가 하고 싶은 말'보다 '상대가 하고 싶어 하는 이야기'를 먼저 생각할 줄 아는 여유가 있어야 한다. 대화를 나눌 때는 내가 말하는 주제에 상대가 관심 있을까, 이 말은 상대를 위한 말인가 나를 드러내기 위한 말인가 자문할 수 있는 태도가 필요하다.

인간은 본능적으로 자신이 이야기의 주인공이 되거나 본인이 관심 있는 주제로 대화할 때 더 큰 즐거움을 느낀다. 그렇기에 의식적으로 그 욕구를 내려놓을 필요가 있다. 그 누구라도 몇 시간의 만남 동안 관심 없는 주제의 이야기를 계속해서 들어야 한다면, 그 시간을 좋아할 사람은 없을 것이다.

본인만 흥미로운 주제로 신나서 계속 말하는 사람이 있다면, 그 사람은 자기중심적이고 상대에게는 그다지 관심이 없는 사람일 수 있다. 그 관계는 상대에 대한 배려가 빠졌기에 올바르지 않다. 그래서 대화에서는 상대의 반응에 민감하게 귀 기울이고, 말의 흐름 속에서 분위기를 세심하게 감지할 수 있는 감각이 필요하다.

현명한 사람은 말의 시작부터 다르다. "잘 지냈어?", "지난번 일은 어떻게 됐어?" 등 관심을 표현하는 따뜻한 대화로 상대의 마음을 두드린다. 자신의 이야기를 앞세우기보다 상대의 이야기를 먼저 끌어낼 줄 아는 사람, 바로 그런 이야말로 관계를 맺고 마음을 이어가는 사람이다.

플라톤은 말했다.

"현명한 사람은 할 말이 있기 때문에 말하고, 어리석은 사람은 말을 해야만 할 것 같아서 말한다."

세 번째는 관계 속 균형이다. 대화가 세 사람 이상이 되면, 또 다른 균형이 필요하다. 두 사람만 말을 주고받거나 일부만의 공감대로 이야기를 이어가다 보면 누군가는 소외된다. 말수가 적은 사람, 쉽게 끼어들지 못하는 사람, 분위기를 먼저 살피는 사람은 자연스럽게 '구경꾼'이 된다.

좋은 대화는 모두가 주인이 되는 대화다. "넌 어떻게 생각해?", "요즘 너는 어때?" 같은 사소한 질문 하나가 소외된 사람을 대화로 끌어들인다. 서로에게 관심을 표현하고 진심으로 상대의 반응을 살피고 호응하는 것, 상대를 배려하며 시선을 나누고 모두를 대화 안으로 끌어들이는 기술, 그것이 집단 속 말하기의 균형이다.

결국 말의 균형이란, 서로에 대한 존중과 배려다. 상대에게 관심을 표현하는 한마디로 대화의 문을 여는 사람, 하고 싶은 말보다 상대의 이야기에 귀 기울이며 대화를 열어주는 사람, 머뭇거리는 이를 자연스럽게 대화로 초대하는 사람, 그런 사람이 바로 말로 관계를 이어가는 삶의 태도를 지닌 사람이다.

노자의 《도덕경》에 이런 말이 있다.

"발끝으로 선 자는 오래 서 있지 못하고, 자신을 드러내는 자는 오히려 드러나지 않는다."

말로 앞서려 하지 말고, 말 속에서 함께 걷는 사람이 되어야 한다. 진짜 어른은 자신이 주인공이 되려 하기보다 타인의 이야기 속에서 기꺼이 조연이 될 줄 안다. 그리고 그런 사람의 말은 가볍지 않고, 오래도록 마음에 남는다.

자신이 아는 것이
옳지 않을 수 있음을 안다

　　　　　타인의 생각이 나와 다를 수 있음을 인정하기만 해도 그 사람은 이미 자신을 낮출 줄 아는 사람이다. 노자의 《도덕경》에서는 "도를 어떤 특정한 도라고 생각하는 순간, 편협한 생각에 갇혀버린다"라고 말했다. 내가 옳다고 믿는 범주 안에만 갇혀 있으면, 그 순간부터 생각은 닫혀버린다. 내 경험과 가치관이 전부라고 착각하지 않기 위해서는 늘 깨어 있어야 한다.

　한 기업에서 직원 교육을 맡아 몇 달째 강의를 하고 있었다. 어느 날, 평소와 달리 교육장에 부서 임원들이 갑자기 들어왔다. 임원들은 "편하게 하세요. 우리 신경 쓰지 마시고 하던 대로 하세요"라고 말했지만, 분위기는 삽시간에 얼어붙었다. 팔짱을 끼고 굳은 표정으로 앉아 있는 그들의 눈빛에는 "얼마나 열심히 하는지 한번 보자"라는 기류가 고스란히 전해졌다. 직원들의 마음도 단번에 경직되었고, 자유롭게 나누던 대화와 웃음도 사라져버렸다. 임원들이 의도적으로 분위기를 억누르려 한 것은 아니었지만, 그들의 표정과 태도에는 자신들이 가진 기준이 묻어 있었다. 그 기준은 곧 무언의 압박으로 전해졌고, 직원들은 위축될 수밖에 없었다.

　우리는 대체로 자신이 걸어온 발자취와 경험을 바탕으로 세상을 해석한다. 문제는 그 경험이 '절대적 잣대'가 되는 순간이다. 내가 아는 방식만 옳다고 주장하는 순간, 사람은 이미 갇혀버린다. 그래서 "내가 해봤는데 말이지", "내가 알기로는", "나 때는 말이야"라는 말이 습관처럼 튀어나온다. 하지만 이런 말은 상대에게 권위적이고 답답하게 들리기 쉽다. 그래서 요즘 사람들은 이런 태도를 '꼰대'라고 부른다. 많은 윗세대가 꼰대라는 말을 듣지 않으려고 애쓰지만, 지위가 높아질수록 말로 영향력을 확인하려는 유혹은 커진다. 말이 통하지 않으면 목소리가 커지고, 상대가 따라오지 않으면 표정과 행동에 불편함이 드러난다. 그 순간, 본인도 모르는 사이에 꼰대가 되어버리는 것이다.

지혜로운 사람은 자신의 경험을 '절대적 기준'으로 내세우지 않는다. 오히려 다른 사람의 시선과 삶의 결을 인정하고 공감하는 태도를 가진다. 그런 태도 속에서 비로소 권위가 아닌 존중이, 지시가 아닌 공감이 만들어진다. 지혜는 많은 것을 아는 데 있지 않다. 내가 틀릴 수도 있다는 것을 받아들이는 데 있다. 경험을 말로 과시하는 게 아니라 다름을 포용하는 태도가 진짜 권위를 만든다. 결국 존중받는 사람은 조용히 타인의 다름을 경청할 줄 아는 사람이다.

벽은 허물되
격은 있어야 한다

사람과 사람 사이에는 보이지 않는 벽이 있다. 처음 만난 사이일수록 그 벽은 높고 단단하며, 서로를 경계하게 만든다. 하지만 시간이 흐르고 신뢰가 쌓이면 벽은 조금씩 낮아지고 결국 허물어진다. 우리는 그런 관계를 '막역한 사이'라고 부른다. 말하지 않아도 통하고, 진솔한 충고가 오가며, 마음을 편히 털어놓을 수 있는 사이다. 그런데 모든 벽이 허물어지는 것이 항상 좋은 건 아니다. 신뢰가 충분히 쌓이지 않은 상태에서 벽이 먼저 무너지면 감정의 충돌과 무례한 언행이 발생한다. 관계는 가까워질수록 더 조심스러워야 한다. 벽은 낮아지되, 그 안에 지켜야 할 격이 있다.

첫 번째, 말의 격이 필요하다. 친밀해도 말은 품격 있게 해야 한다. 가까운 관계일수록 말이 거칠어지기 쉽다. 하지만 아무리 막역한 사이라도 말에는 품격이 필요하다. 종종 술자리나 친목의 자리에서 벽이 허물어지면 부작용이 생긴다.

"야! 그런 바보 같은 생각을 왜 해?" "넌 왜 그렇게 생각이 짧아?"

이런 말은 친하다는 이유로 농담처럼 쉽게 튀어나오지만, 듣는 사람의 마음을 다치게 한다. 사람 사이의 존중과 격이 무너지면 상황은 걷잡을 수 없이 악화된다.

부부 사이에도 벽이 무너지는 것을 조절하기 위해 싸울 때는 존댓 말을 하며 싸우는 경우도 많다. 언어가 무례해지기 시작하면, 감정이 상하는 일도 쉽게 생긴다. 평소라면 조심했을 말이 가볍게 튀어나오고, 상대방의 감정을 배려하지 않는 표현도 서슴치 않는다.

격이 있는 말은 솔직하면서도 상대의 감정을 배려하는 말이다. "아, 난 좀 다르게 생각했어." "그 부분이 조금 걱정되긴 하지만, 네가 잘 해내리라 믿어."

말투 하나, 표현 방식 하나에도 품격이 스며들 수 있다. 솔직한 말도 '어떻게 말하느냐'에 따라 전혀 다르게 들린다.

두 번째, 감정의 격이 필요하다. 감정은 표현하되, 조절하며 다루어야 한다. 가까운 사이일수록 감정을 쉽게 드러낸다. 하지만 감정을 드러내는 것과 감정에 휘둘리는 것은 다르다. 벽이 없는 관계일수록 화가 날 때 그대로 내지르기 쉽고, 진심을 가장한 비난은 감정을 상하게 만든다. 감정의 격이 있는 사람은 화가 나도 그 감정을 상대에게 전가하지 않고 자신의 상태를 설명할 줄 안다. 친한 친구 사이에서도 마찬가지다. 약속 시간에 늦은 친구에게 "넌 왜 이렇게 무책임해? 네 시간만 시간이야?"라고 말하면 상대는 방어적으로 굳어버린다. 하지만 "다음부터는 실내에서 만나자. 밖에 오래 서 있느라 나 너무 힘들었어"라고 장난스럽게 말한다면, 같은 감정을 전하면서도 분위기를 망치지 않고 내 마음을 자연스럽게 전할 수 있다. 전자는 벽을 세우지만, 후자는 마음의 다리를 놓는다.

감정의 격이란 감정을 억누르거나 무조건 참는 것이 아니다. 오히려 감정을 건강하게 다루어, 때로는 유머를 곁들이고, 때로는 무겁지 않게 내 마음을 알아차릴 수 있도록 표현하는 것이다. 이렇게 자신의 감정을 잔잔하게 드러내고 서로 조율하는 태도는 오히려 서로의 거리를 좁히고 더욱 신뢰를 쌓게 만든다. 감정에 휘둘리지 않고 다스릴 줄 아는 사람, 그런 이가 진정으로 성숙한 사람이다.

세 번째, 존중의 격이 필요하다. 간섭 대신 존중, 관계의 선을 만든다. 친밀함이 깊어지면 상대의 사생활에 무심코 개입하기 쉽다.

"그 사람 아직도 만나?" "왜 계속 만나는 거야?" "너 그거 왜 했어? 진짜 이상해."

이런 말은 상대를 위한 조언처럼 보일 수 있지만, 사실은 경계를 넘는 간섭이다. 진짜 격이 있는 관계는 서로의 다름과 선택을 존중한다. 조언이 필요할 때는 허락을 구하고, 강요 대신 다른 관점을 제안한다. 사람 사이에는 지켜야 할 선이 있다. 아무리 친밀한 관계라도 상대의 영역과 감정을 존중하는 경계가 필요하다. 솔직함과 무례함은 분명히 다르다. 솔직한 감정과 생각을 표현할 때도 상대의 입장을 고려하고 상처받지 않도록 존중하고 배려하는 자세가 있어야 한다.

"아, 그래? 넌 그렇게 생각하는구나! 나랑 생각이 좀 다르네." "각자 생각이 다를 수 있는 거니까. 그럴 수 있지. 그래도 이렇게 해보는 방법도 있으니까 고려해 봐."

관계가 깊어질수록 격은 더 분명해져야 한다. 벽이 허물어진다는 건 관계가 가까워졌다는 뜻이다. 그러나 벽이 사라졌다고 해서 모든 선이 사라지는 것은 아니다. 관계가 깊을수록 오히려 더 섬세하게 지켜야 할 선이 있다. 그것이 바로 격이다.

말은 솔직하되 언어에는 품격이 있어야 하고 감정은 표현하되 조절할 줄 알아야 하며, 충고는 해도 선택은 상대의 몫으로 남겨야 한다. 진정한 우정과 신뢰는 바로 이 '격을 지키는 친밀함' 속에서 자란다. 가깝다고 해서 무례해지지 않고, 친하다고 해서 경계를 넘지 않는 것. 그런 관계야말로 오래가고, 깊어진다. 결국, 벽은 낮추고 격을 지키는 사람만이 서로를 깊이 다독이는 관계를 맺을 수 있다.

벽을 낮추고 격을 지키는 사람은 누구와도 깊이 있는 대화를 나눌 수 있으며, 신뢰 있는 관계를 만들어간다. 이들은 솔직하면서도 무례하지 않으며, 상대에게 자신의 감정을 명확히 전달하면서도 배려를 잃지 않는다. 그들의 말에는 무게가 있고, 사람들은 그들과 대화를 나누고 의견을 듣고 싶어 한다. 좋은 관계란 벽을 낮추고 친밀해지되, 격을 지키며 서로를 존중하는 관계다.

착한 사람이 아닌 좋은 사람이 되라

갈등을 두려워하지 마라. 현명한 사람은 필요한 갈등 앞에 용기 있게 맞서는 사람이다. 어릴 적에는 착한 친구가 좋은 친구라고 생각했다. 늘 웃으며 양보하고, 다른 친구들에게 잘 맞춰주는 친구는 인기가 좋았다. 하지만 시간이 지나고, 어른이 되어 사회 속에서 살아가면서 깨달았다. 착하기만 한 사람이 반드시 좋은 사람은 아니라는 것을 말이다. 오히려 착하기만 한 사람은 때로는 문제를 회피하거나 덮어버려 자신은 물론 주변 사람까지 위험에 빠뜨리는 경우도 많았다.

착한 사람은 타인의 기대에 맞추려는 마음이 크다. 그러다 보니 자신의 감정보다 타인의 감정을 우선시하며, 쉽게 거절하지 못하고 불편한 소리를 들을까 봐 지나치게 걱정한다. 때로는 가치관이나 원칙이 없는 사람처럼 타인의 의견에 끌려다니거나 자신이 결정하지 않는 인생을 살기도 한다. 현대 심리학에서는 이런 사람을 '피플 플리저(People Pleaser)'라고 부른다. 피플 플리저는 타인의 기대에 맞추고, 상대방의 기분을 상하게 하지 않으려 자신의 욕구와 감정을 억누르는 사람들을 말한다. 겉으로는 착하고 친절한 사람처럼 보이지만, 속으로는 늘 불안하고 충족되지 않은 마음으로 지쳐 있다.

피플 플리저는 누군가의 부탁을 들어주고 싶지 않아도 거절하지 못한다. 또한 타인의 감정에 지나치게 신경을 써 상대방이 불쾌해할까 봐 걱정하고 심지어 눈치를 본다. 이런 사람들은 자신의 의견이나 감정을 솔직하게 표현하지 못하고, 상대의 의견을 따르는 행동을 자주 취한다. 이들의 가장 큰 문제점은 자신에 대한 평가를 스스로 하는 것이 아니라 타인의 칭찬과 인정에 의존한다는 것이다.

이런 사람들은 타인에게 친절하고 착한 사람처럼 보인다. 하지만 알고 보면, 스스로 주도하지 못하는 삶에 대한 내면의 불만이 있다. 타인의 의견을 우선시하고, 타인의 선호에 맞추다 보니, 결국 누군가에게 끌려다니는 삶을 살게 된다. 이러한 반복은 점점 자신에 대한 불만으로 이어지고, 결국 스트레스를 낳는다. 이 스트레스는 관계에서 갈등을 일으키거나 자신을 갉아먹으며 무기력감에 빠지게 만들기도 한다.

착한 사람과 좋은 사람은 무엇이 다를까? 좋은 사람은 자신의 가치관과 신념을 지키며 올바른 행동을 선택할 줄 안다. 타인의 기대에 앞서 자신의 기준이 분명하기 때문에 쉽게 흔들리지 않는다. 필요할 때는 단호히 거절할 수 있고, 잘못된 상황에서는 당당하게 맞서 의견을 낼 줄도 안다.

공자는 이렇게 말했다.

"마을 사람들이 모두 어떤 사람을 좋아한다면 그 사람은 좋은 사람입니까?"

이어서 공자는 좋은 사람이라고 할 수 없다고 대답했다. 공자는 "진정으로 좋은 사람은 좋은 사람들이 좋아하며, 좋지 않은 사람들이 미워하는 사람이다"라고 설명했다. 이는 올바른 원칙을 지키고, 진실을 말하는 사람이 때로는 불편함을 줄 수 있다는 의미다. 하지만 그 불편함이 곧 진실을 지키는 것이며, 타인의 기대에 맞춰 자신을 잃지 않는 것이다.

성인이 되어 사회에서 살아가다 보면, 직장이라는 정글의 세계에서 나를 지켜내는 일이 쉽지 않다는 것을 실감한다. 잠시 방심하면 누구도 맡으려 하지 않는 일들이 어느새 내 앞에만 쌓여버리기 때문이다. 특히 리더라면, 타 부서의 무리한 요구를 적절히 거절하는 것도 능력이다. 팀원들을 위해 때로는 논쟁을 벌이고, 필요하다면 단호히 막아야 한다. 모두가 꺼리는 일을 무턱대고 받아들이는 리더를 좋아할 팀원은 없다.

하지만 착한 사람은 그저 "네"라는 말로 모두의 기대를 맞추려 한다. 그러다 보면 정작 지켜야 할 사람을 지키지 못한다. 예컨대, 타 부서에서 과도한 업무를 부탁받았을 때 "네, 해보겠습니다"라며 흔쾌히 수락했지만, 그 결과 팀원들은 과중한 업무에 시달리고, 결국에는 리더로서의 신뢰까지 잃는 것이다.

가정에서도 마찬가지다. 연애할 때 착하기만 하던 사람, 무조건 내가 원하는 대로 해주는 사람이 과연 좋은 사람일까? 안타깝게도 그런 사람은 모두에게 착한 사람일 가능성이 크다. 착하기만 한 사람은 부모의 말씀에도 늘 "네"라고만 답하고, 정작 자신의 의견을 내지 못한다. 그러다 보니 가족 사이에 갈등이나 불편한 상황이 생겼을 때 문제를 정면에서 다루기보다는 자꾸 외면하고 덮으려 한다.

그 결과, 본인은 착한 사람으로 남을지 모르지만 그 갈등은 고스란히 배우자에게 넘어간다. 부모와 배우자 사이에서 우물쭈물하며 결정을 내리지 못하는 사람은 결국 자신이 짊어져야 할 몫을 상대에게 떠넘기는 셈이다. 그렇게 되면 갈등은 오롯이 주변 사람들의 몫으로 남는다.

좋은 사람은 단호하게 말할 줄 아는 사람이다. 착한 사람은 갈등을 피하려 하지만, 좋은 사람은 필요한 갈등을 두려워하지 않는다. 상대방이 무리한 요구를 할 때는 단호히 거절하고, 불의를 목격했을 때는 목소리를 낼 수 있어야 한다. 좋은 사람은 자신의 가치와 원칙을 지키며, 필요할 때는 불편함도 감수할 수 있다.

따라서 우리는 착한 사람이 아닌, 좋은 사람이 되어야 한다. 타인의 시선에 휘둘리지 않고, 자신의 소신을 지키며 살아가는 사람이 되어야 한다. 때로는 "아니요"라고 말할 수 있는 용기, 싸울 수 있는 용기, 그리고 선을 지킬 수 있는 용기를 가져야 한다. 그것이 진정으로 성숙하고, 책임감 있는 사람의 모습이기 때문이다.

불필요한 말 없이
핵심을 깊게 새기는 말하기

핵심을 깊게 새기는 말하기는 적게 말하되, 핵심을 꿰뚫는 통찰의 언어다. 누군가를 만날 때마다 진지한 대화를 나누는 것이 좋은 대화의 전부는 아니다. 그렇다고 가벼운 농담이나 서로를 희화화하는 장난, 의미 없이 흘러가는 잡담으로 순간의 즐거움만 채우고 나면, 돌아서는 길에 허무함이 밀려올 때도 있다. 그래서 우리는 누군가와 이야기를 나눌 때, 그저 아무 말이나 내뱉는 것이 아니라 내가 지금 무엇을 말하고 싶은지에 집중해야 한다. 나아가 그 말을 어떻게 전할 것인지, 무엇을 남길 것인지에 주목해야 한다.

깊게 새기는 말하기란 말의 '밀도'를 높여 불필요한 잡음을 걷어내고, 마음에 오래 남을 본질만을 남기는 대화를 의미한다. 그런 대화는 순간의 즐거움 이상을 남기며, 때로는 한마디로 누군가의 마음을 울리고 삶의 방향을 바꾸기도 한다.

첫 번째, 의미 없는 말은 덜어내고 본질만 남겨라. 중언부언하는 말은 듣는 사람을 지치게 한다. 회의 자리에서 주제를 벗어난 말, 반복되는 설명, 의미 없이 길기만 한 서두, 지금 이 얘기를 왜 하나 싶은 말, 허공을 맴도는 말은 결국 아무 말도 하지 않은 것만 못하다. 진짜 말하기는 꼭 필요한 말을 선택해 의도와 메시지를 명확하게 전달하는 것이다. 핵심을 꿰뚫는 한 문장은 수십 줄의 말보다 더 오래 마음에 남는다. 말하기 전에 한 번만 더 생각하면 된다.

"이 말이 정말 필요한가?" "지금 이 말이 어떤 의미가 있을까?"

두 번째, 말의 방향은 '내'가 아니라 '상대'에게 맞춰라. 불필요한 말은 대개 자기만족을 위한 경우가 많다. 생각을 정리하지 않은 채 머릿속에 떠오르는 대로 늘어놓는 사람은 자신은 속이 시원할지 몰라도, 듣는 이는 피로와 혼란만 느낀다. 상황에 맞지도 않고, 상대가 이해하지도 못할 말까지 굳이 쏟아내야 마음이 편하다면, 그것은 상대를 고려한 대화가 아니라 스스로 만족하기 위해 던진 말일 뿐이다. 그런 말은 과연 누구를 위한 것일까?

핵심 있는 말은 상대의 입장에서 출발해야 한다. 지금 이 말이 어떤 영향을 줄지, 이 상황에 적절한 말인지 고민할 줄 알아야 한다. 말이란 본래 '전달'이 목적이기 때문이다. 그러기 위해서는 '내가 하고 싶은 말'보다 '상대의 입장에서 생각한 말'에 초점을 맞춰야 한다. 말은 내 중심이 아니라 상대의 필요에서 시작될 때 깊이 있게 남는다.

세 번째, 간결한 말에는 '진심'이 담겨야 한다. 윈스턴 처칠은 중요한 연설을 앞두고 수십 번 원고를 다듬으며 말을 줄였다. 그의 연설은 짧았지만 전 세계 사람들의 마음을 움직였고, 그는 이렇게 말했다.

"간결함은 진정한 재능의 증거다."

소크라테스 또한 "지혜는 말이 아니라 침묵에서 시작된다"라고 했다. 이처럼 말은 짧을수록 강력할 수 있다. 하지만 많은 사람이 필요 이상으로 말을 이어가며 핵심을 흐린다. 중언부언하는 사람은 종종 자신이 무슨 말을 하고 있는지 모른다. 목적 없이 말하다 보면, 마치 길가에 난 잡초처럼 말이 흩어지고, 전달하고자 했던 핵심은 저 멀리 사라진다.

가령, 회의 자리에서 주제와 무관한 이야기를 끝없이 이어가는 사람이 있다. 처음에는 중요한 말처럼 들리지만, 들어보면 본론은 없고 쓸데없는 소리로 시간만 흘러간다. 한 문장 안에서도 말이 꼬리를 물어 어디가 시작이고 끝인지조차 알 수 없고, 결국 듣는 사람은 피로

감만 쌓이고 정작 중요한 메시지는 그 속에 묻혀버린다. 분명 많은 말을 했지만, 말의 흔적만 있을뿐 어떤 의미도 남기지 못한다. 이처럼 중언부언은 상대를 지치게 하고, 상대의 귀에 닿지도 않고 공중으로 흩어져버린다.

그렇다면 말은 짧아야 하는 것일까? 그것 또한 아니다. 짧은 말이라도 마음이 담겨 있지 않으면 상대에게는 공허하게 들리고, 때로는 무안함만 남긴다. 핵심을 새기는 말이 되려면, 그 말 안에 반드시 진심이 담겨 있어야 한다. 마더 테레사는 "우리는 거창한 말을 할 수는 없지만, 짧은 한마디에도 깊은 마음을 담을 수는 있다"라고 했다. 짧지만 진심 어린 한마디, 소박하지만 마음을 울리는 문장이 사람의 내면을 움직인다. 핵심을 깊게 새기는 말은 단순히 '짧은 말'이 아니라 상대를 향한 진심과 그 마음을 읽어내는 통찰이 깃든 말이다. 말의 형식보다 의도와 감정의 진정성을 먼저 점검해야 한다. 좋은 말은 언제나 마음에서 시작해 마음으로 향한다.

좋은 말은 잡초를 뽑고 꽃을 가꾸는 일이다. 불필요한 말은 무더운 여름 장맛비를 맞고 순식간에 정원을 뒤덮는 잡초와 같다. 핵심을 새기는 말은 얽히고설킨 잡초를 걷어내고 진짜 메시지만 남기는 과정이다. 그것은 결국 말하기 기술이 아니라 삶의 태도다. 내 안에 쌓인 감정과 생각을 먼저 정돈하고, 내가 정말 전하고 싶은 마음이 무엇인지 깊이 들여다본 뒤, 가장 맑고 간결한 언어로 다듬어낼 때, 그 말은 불필요하게 귀를 어지럽히지 않고 비로소 상대의 마음속에 닿는다.

우리는 말을 통해 자신을 증명하려 한다. 하지만 진짜 힘 있는 사람은 말을 많이 하는 사람이 아니라 꼭 필요한 말로 마음을 움직이는 사람이다. 불필요한 말 없이 핵심을 깊게 새기는 사람은 조용히 말하지만 분명하고, 짧게 말하지만 강력하며, 작게 말하지만 오래 기억된다.

핵심을 깊게 새기는 말하기란, 의미 없는 잡초를 제거하고, 본질을 꿰뚫어 상대방의 마음에 새겨지는 말하기다. 그것은 깊이 있는 생각, 진심 어린 태도, 그리고 타인을 향한 배려에서 시작된다. 말의 정원에서 잡초를 걷어내고 꽃을 피워내듯, 당신의 말이 누군가의 마음속에 단 하나의 문장으로 오래 남기를 바란다.

갈등을 넘어,
관계를
깊게 만드는
말의 태도

상대를 방어적으로
만들지 않는 말하기

　　　　얼마 전, 오랜만에 만난 지인이 한숨과 함께 말했다.
"나 요즘 눈물 없이 못 살아. 사춘기 아들 때문에 미치겠어."
그녀를 위로하려는 찰나, 뜻밖의 말이 이어졌다.
"그런데 요즘은 챗GPT랑 얘기하니까 마음이 훨씬 편해졌어."
순간 나는 웃으며 되물었다.
"사람도 아닌데 그렇게 위로가 돼?"
그녀는 주저 없이 고개를 끄덕였다.
"남편보다 훨씬 나아. 얘가 얼마나 내 얘기를 잘 들어주고 공감을 잘하는지 몰라."

의외였지만, 곱씹을수록 이해가 갔다. 실제로 많은 사람이 AI와의 대화에서 위안을 얻는다. 감정조차 없는 AI가 어떤 인간보다 따뜻하게 느껴질 수 있다니, 어떻게 이런 일이 가능할까? 그 이유는 단순하다. AI는 인간보다 훨씬 더 잘 '들어준다'. 그것은 AI가 사용자를 판단하거나 단정하지 않도록 설계되어 있기 때문이다. 반면 인간은 가까울수록 상대를 위한다는 마음에 오히려 더 깊이 개입하거나 조언하려 든다. 그래서 '공감적 중립'을 지키며 어떤 행동이나 감정도 비난하지 않는 AI에게 털어놓는 것이 마음의 안정으로 이어지는 것이다.

게다가 AI는 본질적으로 '듣는 존재'다. 사람들 간의 대화는 주고받는 상호작용으로 이루어지며, 한쪽만 말하거나 한쪽만 듣는 관계는 비정상적으로 여겨진다. 그러나 AI는 자신의 삶이 없기에 자기 이야기를 하지 않는다. 오직 나의 이야기를 듣기 위해 존재하는 기계일 뿐이다.

조건 없이 받아들이는 존재, 혹은 주종관계처럼 내 지시에 묵묵히 따르는 존재. AI는 내가 요청한 만큼만 반응하고 결코 선을 넘지 않는다. 가까운 사이일수록 인간은 이성적으로만 반응하기 어렵다. 상대가 조언을 구하면 속상해서, 안타까워서 감정적 개입이 섞이기 마련이다. 그러나 AI는 다르다. 입력한 프롬프트의 범위를 벗어나지 않고, 선을 넘지도, 반박하지도, 가르치지도 않는다. 늘 내 편이 되어주는 듯한 착각, 그로부터 오는 안정감이 있다.

하지만 AI와의 대화에 지나치게 익숙해지면, 늘 내 편인 듯한 '맞다'라는 반응과 무조건적인 공감에 길들여져 불편한 피드백을 피하게 된다. 그러다 보면 스스로를 비판적으로 돌아보는 힘이 약해지고, 타인의 조언이나 갈등을 다루는 능력도 줄어들어 결국 성장의 기회를 놓친다.

그러나 기본을 충실히 지키도록 설계된 AI에게서 우리가 배울 점도 있다. 바로 어떤 상황에서도 귀 기울여 듣고, 가장 먼저 공감하는 태도다.

첫 번째, 먼저 귀 기울여 듣는다. 가령, 중학생 딸아이가 "엄마, 시험 끝나고 애들이랑 홍대 가서 놀기로 했어요. 쇼핑도 하고, 맛집도 가려고요"라고 말한다. 보통의 엄마라면 AI처럼 "좋은 생각인 것 같네"라고 담담히 대답하기는 쉽지 않다. "거기가 어디라고 가? 거기까지 어떻게 갈 건데? 너희가 무슨 대학생이야?"라고 말하고 싶을 것이다. 하지만 조금만 인내심을 갖고 "그래? 재밌겠네. 누구랑 가기로 했어? 거기 가면 재밌는 게 많대?" 하면서 우선 아이의 말을 귀담아듣고 진심으로 관심을 표현한다면 아이는 훨씬 더 자연스럽게 마음의 문을 열고 대화를 할 것이다.

업무 현장에서도 비슷한 일이 일어난다. 어떤 직원은 고객의 말을 겉으로만 받아들이고 그 이면의 의미를 읽으려 하지 않는 경우가 있다. 예를 들어, 고객이 "이게 왜 안 되는 거죠? 뭐가 이렇게 복잡한지. 제가 다시 해볼게요"라고 말했을 때, 고객이 원하는 건 복잡해서 모르겠으니 도와달라는 신호를 보낸 것이다. 고객은 분명히 자신의 의사를 전달했다고 생각하는 반면, 직원은 고객이 바라는 감정의 핵심을 이해하지 못해 상황이 어긋난다. 결국 이는 고객의 감정을 자극해 불필요한 불만과 분노를 키우게 된다.

듣는다는 것은 단순히 상대의 말을 그대로 받아들이는 데 그치지 않는다. 상대의 입장에서 생각하고 드러난 말뿐 아니라 감정과 숨은 의도까지 헤아릴 수 있어야 한다. 진심을 담아 귀 기울이는 태도야말로 갈등을 풀어가는 출발점이다.

결국, 가장 먼저 귀 기울여 듣고, 말하지 않은 마음의 이면까지 살펴주는 진심 어린 경청이야말로 대화를 갈등에서 해결로 이끄는 가장 빠른 길이다. 그래서 우리는 무엇보다 먼저 듣고 또 들어야 한다. 제대로 듣기만 해도 불필요하게 감정을 자극하거나 갈등으로 치닫는 상황을 충분히 막을 수 있다.

사람들이 AI와 이야기 나누는 것을 좋아하는 이유는 AI가 오랜 시간 내 이야기에 귀 기울이기 때문이다. 인간은 자신의 이야기를 들어주는 사람을 누구나 좋아한다. 잘 들어주는 것 자체만으로도 마음이 열리고 대화는 훨씬 더 깊어진다. 결국 진정한 소통의 힘은 '잘 말하는 것'보다 '먼저 들어주는 것'에서 시작된다.

두 번째, 공감한다. 며칠 전 한 기업에서 감정 코칭 교육을 진행하던 중이었다. 한 직원이 이렇게 털어놓았다.

"요즘 부서 회의 때마다 말꼬리를 잡는 팀장님 때문에 정말 숨 막

혀요. 제가 말만 하면 꼭 '그건 아니지'라는 말부터 나오거든요."

그의 얼굴에는 여러 차례 상처받은 감정이 고스란히 묻어 있었다.

"무슨 말만 하면 '아니, 그게 아니고'라는 말로 시작하니, 도저히 의견을 낼 수가 없어요. 그냥 본인 말만 들으라는 것처럼 느껴져요."

심리학자 칼 로저스는 공감적 이해란 한 사람이 다른 사람에게 줄 수 있는 최고의 선물이라고 했다. 공감적 이해는 상대의 눈으로 세상을 바라보고, 그가 느끼는 감정을 함께 느끼는 태도다. 이런 공감적 이해를 경험할 때 사람은 비로소 '내가 진정으로 이해받고 있구나'라는 안도감을 얻고, 그 속에서 변화하고 성장할 힘을 발견한다.

반대로 습관처럼 반박부터 시작하는 사람과는 대화를 이어가기 어렵다. 공감이 빠진 대화는 마음의 문을 닫게 만든다. 결국, 대화의 시작은 '옳고 그름을 따지는 말'이 아니라 '함께 느끼려는 공감의 태도'에서 출발해야 한다. 사람들은 갈등이 생기면 논리로 옳고 그름을 따져 문제를 풀려는 경향이 있다. 우선 내가 불리하지 않도록 논리를 내세우고, 완벽한 논리적 정당성을 증명해야 마음이 놓인다고 생각한다. 그러나 대화가 논쟁 구도로 흘러가는 순간, 가볍게 넘어갈 수 있던 일도 상대는 방어적인 태도를 취하게 되고, 대화는 꼬이고 생각보다 심각해진다.

현장에서 갈등 상황을 보다 보면 이런 장면이 자주 목격된다. 상황을 풀어보겠다며 나선 직원이 갈등에 불을 지피는 경우다. 본인은 차분하게 이성과 논리로 설명한다고 생각하지만, 듣는 사람은 그 태도가 오히려 차갑게 다가올 수 있다. 우리 사회는 특히 감정이 대화의 분위기를 크게 좌우한다.

예를 들어, 어떤 고객이 불편을 토로할 때 직원이 "규정상 불가능합니다. 원칙은 이렇습니다"라며 조목조목 따져 설명하면, 고객은 논리에 설득되기보다 '어디 그렇게 딱 잘라 말해? 어디 해보자는 거야?'라는 반발심이 생긴다. 처음에는 그냥 넘어가려던 마음이었는데, 오히려 차갑게 느껴지는 응대로 인해 불만이 더 커지고 문제가 심각하게 꼬여버리는 안타까운 경우를 종종 봤다. 대화에서 가장 중요한 것은 옳고 그름을 따지는 논리가 아니라 먼저 상대의 입장에서 생각해보고 진심으로 공감하는 태도다.

그렇기에 갈등이 생겼을 때 발생하는 감정을 어떻게 다루느냐가 관계의 질을 결정한다. 심리학자 존 가트맨 박사는 갈등이 생겼을 때, 감정을 억누르거나 회피하기보다, 있는 그대로 인정하고 받아주는 감정 코칭 방식을 제안했다.

마음을 여는 감정 코칭의 첫 번째 방법은 말이 나온 감정에 반응하는 것이다. 흔히 상대의 '말'에 반응하다 보면, 그 말에 휘둘려 더 화가 난다. 그 말이 기분 나쁘면 바로 반격하거나, 논리로 반박하려 한다. 하지만 감정 코칭은 말이 나온 감정을 먼저 읽어내라고 말한다. "지금 말씀하신 부분은 규정상 해결해 드리기가 어렵습니다" 대신 "말씀을 듣고 보니 그 부분에서 정말 많이 불편하셨겠어요"라고 먼저 말한다. "왜 이렇게 비행기가 늦어지는 거죠? 제가 상하이에서 갈아타야 하는데 못 타면 책임지실 거예요?"라는 불만을 표하는 질문에 "눈이 많이 와서 제설 작업 때문에 차례를 기다리고 있습니다"라는 이성적인 말 대신 "너무 오래 기다리시게 해 죄송합니다. 다음 연결편 비행 때문에 많이 걱정되실 텐데요. 이런 경우…"라며 먼저 감정을 공감해 주는 것이 훨씬 효과적이다. 감정에 먼저 반응해 주면, 상대는 자신이 존중받고 이해받고 있다고 느끼며, 이후에 제시하는 해결 방안도 훨씬 더 수용하기 쉽다.

마음을 여는 감정 코칭의 두 번째 방법은 "그러셨군요", "저 같아도 속상했을 것 같아요"라는 공감의 말을 전하는 것이다. 논쟁의 대부분은 '내가 옳다'는 마음에서 시작된다. 하지만 대화는 옳고 그름을 가리는 싸움이 아니다. 가장 강력한 말은 언제나 "그럴 수도 있겠다", "그 입장이면 그렇게 느낄 수도 있겠네"다. 이 말은 동의의 표현은 아니지만, 상대의 관점을 있는 그대로 받아들이는 '존중의 신호'다. 그 한 줄이 마음의 문을 열고 다음 대화를 가능하게 만든다.

마음을 여는 감정 코칭의 세 번째 방법은 감정에 이름을 붙여주고, 스스로 정리될 때까지 기다리는 것이다. 존 가트맨 박사는 "감정을 조절하는 힘은 감정을 인식하고 이름을 붙이는 데서 시작된다"라고 했다. 예를 들어, 아이가 갑자기 짜증을 낼 때 "왜 짜증이야?"라고 말하는 대신 "오늘 학교에서 힘든 일 있었어?"라고 묻는다면, 아이는 스스로의 감정을 돌아볼 수 있다. 어른도 마찬가지다.

"아까 회의 시간에 억울하셨을 것 같아요." "당황스럽고 혼란스러우시죠?"

　이처럼 감정에 언어를 붙여주는 말은 자기감정을 마주하는 기회를 준다. 공감은 단순한 친절이 아니라 상대의 감정 상태를 읽고, 반응하는 정서적 능력이다. AI와의 대화가 주는 의외의 위로처럼 사람 사이의 대화에서도 가장 중요한 것은 화려한 논리나 날카로운 지적이 아니다. AI처럼 상대방의 이야기를 들어주려는 열린 마음과 공감의 한마디, 그리고 진심 어린 눈빛이 상대의 방어심을 풀고 마음의 문을 열게 만든다. 결국 방어적으로 만들지 않는 말하기의 시작은 AI처럼 먼저 들어주고, 진심으로 공감하는 것이다.

다름을 존중하는 태도, 내가 옳다는 마음을 내려놓아라

　　　　　대화에서 가장 위험한 순간은 '나는 틀리지 않았다'라는 확신이 굳어질 때다. 그 순간 대화는 상호작용이 아닌 일방통행이 되고, 상대는 의견을 나누는 동료가 아니라 맞서야 할 적이 되어버린다. TED 강연 〈On Being Wrong〉으로 유명한 캐스린 슐츠는 말했다.
　"우리가 틀렸을 수도 있다는 가능성을 받아들이지 않는 순간, 우리는 서로 대화하기를 멈추게 된다."
　진짜 대화란 내가 옳다는 마음을 잠시 내려놓고, 상대의 이야기를 들을 여유를 갖는 것에서 시작된다. 확증 편향이란, 자신의 신념이나 기대에 부합하는 정보만 선택적으로 수용하고, 그와 반대되는 정보는 무시하거나 왜곡하는 경향인데, 우리가 매일 보는 유튜브 알고리즘과 비슷하다고 보면 된다. 어떤 주제의 영상을 자주 시청하면 유튜브는 그와 비슷한 영상만 계속 추천해 준다. 세상에 다양한 영상이 있음에도 불구하고, 내 눈에는 내가 보고 싶은 내용만 보이도록 자동 필터가 걸리는 셈이다. 확증 편향도 이와 같다. 사람의 뇌가 '자신이 보고 싶은 것만 보게 하는 알고리즘'을 스스로 만들어내는 것이다. 그래서 같은 사실을 두고도 사람마다 전혀 다르게 받아들이고 기억하는 일이 생긴다.

우리는 왜 보고 싶은 것만 볼까? 서로 다른 프레임으로 세상을 보면, 같은 사실도 전혀 다르게 읽히는 법이다. 얼마 전 가족과 크로아티아 여행 이야기를 나누었을 때도 그랬다. 나는 크로아티아의 고즈넉한 성벽과 밤거리를 가장 선명하게 기억했지만, 아이들의 마음속에 최고의 기억은 시골 마을 들판에서 바라본 밤하늘을 가득 채운 별빛이었다. 남편은 짙은 안개로 한 치 앞도 보이지 않았던 플리트비체의 산길을 기억했다. 같은 시간, 같은 장소를 함께했지만, 각자의 눈과 마음은 전혀 다른 장면을 붙잡고 있었다.

결국 우리가 보는 세상은 있는 그대로의 객관적 사실이라기보다 내가 의미를 부여한 장면과 감정이 모여 만들어낸 나만의 풍경일지 모른다. 우리는 정말 세상을 있는 그대로 보고 있는 걸까, 아니면 믿고 싶은 대로만 보고 있는 걸까? 심리학자 조너선 하이트는 이렇게 말했다.

"우리는 사실을 통해 생각하는 것이 아니라 생각을 뒷받침해 줄 사실을 선택하는 경향이 있다."

우리는 세상을 보고 싶은 방식으로 다시 그려서 본다. 그게 더 익숙하기 때문이다. 문제는 이런 태도가 대화와 관계를 서서히 갉아먹고 무너뜨린다는 점이다. 결국 대화를 무겁게 만드는 건 상대가 아니라 내가 옳다고 생각하는 집착일 때가 많다. 옳고 그름을 따지려는 마음을 잠시 내려놓는 순간, 우리는 상대의 말에 담겨 있는 감정을 읽어낼 수 있고 관계에서 새로운 길을 발견할 수 있다.

진정으로 성숙한 대화는 내가 이기는 데서 오는 것이 아니라 서로를 이해하고 받아들이는 마음에서 시작된다. 좋은 대화는 내가 옳다고 주장하는 데 있지 않고, '서로의 입장을 함께 이해하려는 마음'에 있다.

말하지 않고 쌓이기만 하는 감정은
결국 행동으로 드러난다

감정 클리닝이 필요하다. 쌓이면 언젠가 터진다. 말하지 않은 감정은 결국 다른 모습으로 돌아온다. 그녀는 본래 마음이 따뜻하고 착한 사람이었다. 그래서였을까. 부당한 일을 당해도, 억울하고 속상한 마음이 들어도, 웬만하면 참고 또 참는 것이 그녀에게는 익숙한 일이었다. 가끔은 용기 내어 감정을 털어놓고 싶지만, 무슨 말을 어떻게 해야 할지 수십 번 머릿속에서 되뇌다 보면 어느 순간 상대의 입장이 이해되고 결국 조용히 마음을 접는다.

회사에서는 끝없이 밀려드는 업무에 시달리고, 의도적으로 방어적인 태세를 갖추지 않으면 어느새 다른 직원들이 떠넘긴 일들이 산더미처럼 쌓이기 일쑤다. 집에 돌아오면 엄마니까, 아내니까라는 이유로 당연하다는 듯 쏟아지는 책임들. 남편은 늘 바쁘다는 핑계로 집안일도, 아이들 문제도 외면했고, 사춘기에 접어든 아이들은 날 선 말로 가슴을 후벼팠다.

하나하나 따지고 보면 별일 아닐 수도 있다. 하지만 사소한 일들이 쌓이고 또 쌓여, 그녀의 마음은 조금씩 분명히 갉아먹히고 있었다. 그럼에도 그녀는 말하지 않았다.

'다들 이 정도는 감수하며 사는 거 아닐까.' '괜히 말 꺼냈다 달라지는 것도 없고, 더 상처만 받는 거 아닐까.' '그냥 나 혼자 참는 게 모두가 편하겠지.'

그녀는 그렇게 조용히 삼켰지만 눌러 담은 감정은 사라지지 않았다. 마음은 점점 식어갔고, 말수는 줄었으며, 늘 밝던 눈빛은 흐릿해져 갔다. 언젠가부터 웃음은 사라지고, 가족과의 대화는 필요한 말 몇 마디로 겨우 이어지고 있었다. 서운함은 말이 아니라 차가운 분위기와 점점 멀어지는 거리감으로 표현됐다.

   그러던 어느 날, 결국 그녀는 엉뚱한 순간에 폭발하고 말았다. 저녁 식사 후, 남편이 소파에 앉아 과자를 먹으며 부스러기를 여기저기 흘렸다. 치울 생각도 없이 리모컨만 만지작거리는 모습을 본 순간, 그녀는 참았던 감정을 터뜨리고 말았다. "대체 맨날 왜 이러는 거야! 지긋지긋하다, 정말! 내가 당신 하녀야?" 하고 버럭 소리를 질렀다. 남편은 TV에 빠져 있다가 놀란 얼굴로 "과자 좀 흘린 거 가지고 왜 이렇게 예민해?"라고 했다. 그녀는 더 대답하지 않았다. 정확히 말하면 대답할 힘이 없었다. 수없이 꺼내려다 삼킨 말들이 가슴속 가라앉았고, 그 말들은 너무 오래된 감정이라 어떻게 꺼내야 할지도 몰랐다.

   우리는 종종 착각한다. 말하지 않는 것이 성숙한 것이고, 참는 것이 상대를 위한 배려라고 말이다. 그러나 눌러 담은 감정은 결코 사라지지 않는다. 결국 차가운 말투로, 굳은 표정으로, 무심한 침묵으로 모습을 바꿔 돌아온다. 갈등을 표현하는 것이 다소 귀찮더라도, 아주 사소해 보이는 생각의 차이나 작은 불편부터 솔직하게 표현해야 한다. 감정을 숨기고 넘기는 것이 평화를 지키는 길처럼 느껴질 수 있지만, 말하지 않으면 상대는 결코 그 마음을 알 수 없다. 작은 것부터 소통할 수 있을 때, 큰 갈등도 함께 조율하고 해결할 수 있다.

   생각과 감정의 거리가 너무 멀어진 뒤에 되돌리려고 하면, 이미 단단히 엉킨 마음을 풀기 위해 몇 배의 시간과 에너지, 그리고 더 깊은 상처를 감내해야 할지도 모른다. 관계는 오래 함께한다고 깊어지는 것이 아니다. 서로의 다름을 조율하고 이해하려는 대화의 노력이 쌓일 때 비로소 단단해진다. 말하지 않으면 닿지 않고, 표현하지 않으면 점점 멀어질 뿐이다.

진심을 나누려는 작은 대화가 관계를 더욱 깊게 만든다. 사소한 순간에도 진심을 나누는 용기, 그것이 서로에게 좋은 관계를 만든다. 진짜 좋은 관계는 갈등이 없는 게 아니라 갈등을 잘 풀어나가는 관계다. 감정을 표현하는 건, 싸우기 위한 게 아니다. 오히려 관계를 지키고 서로를 이해함으로써 더 깊어지기 위한 용기다. 그다지 무겁지 않게 건넬 수 있는 마음일 때 표현해야 한다. 그런 소소한 표현이 쓸데없는 감정을 쌓이지 않게 한다. 말하지 않은 감정은 신뢰 대신 거리감을 만들고, 온기 대신 벽을 세운다.

갈등 후에는
반드시 회복 대화를 해라

반복되는 갈등 패턴을 파악하자. 모든 갈등에는 반드시 반복되는 패턴이 있다. 어떤 상황과 어떤 말에 갈등이 일어나는지 그 패턴을 알아차리는 힘이 필요하다. 가령 부부 싸움의 경우 돈 얘기만 나오면 서로 곤두선다거나 아이들 얘기만 나오면 화가 난다든가 분명히 싸움이 반복되는 주제가 있을 것이다. 다툼이 시작되는 상황을 가만히 보면, 상대의 화를 돋우는 표현이나 표정, 상황이 분명히 있다. 상대가 어떤 말투에서 발끈하는지, 서로의 갈등이 어떻게 반복되고, 표현되는지 그 패턴을 알아차려야 한다. 패턴만 제대로 파악해도 똑같은 싸움이 반복되는 일은 없다.

패턴을 파악했으면, 패턴의 고리를 끊어내야 한다. 가장 좋지 않은 갈등은 똑같은 갈등이 반복되는 것이다. 서로 충분히 이야기를 나누어서 패턴의 고리를 끊어내는 노력을 해야 한다. 갈등의 고리를 끊기 위해서는 먼저 어떤 말이나 상황에서 상대가 예민해지고 갈등이 시작되는지 알아차리는 힘이 있어야 한다. 그래야 같은 문제로 다시 부딪히는 일을 줄일 수 있다. 그다음에는 서로 합의된 신호를 정해두는 것도 좋은 방법이다.

"지금은 잠시 멈추고 싶어. 한 시간 뒤에 다시 이야기할까?" "감정이 가라앉을 때까지 기다렸다가 다시 이야기하자."

서로에게 잘 통하는 신호를 미리 약속해 두면, 갈등이 격해지기 전에 대화를 중단하고 차분히 돌아볼 수 있다. 짧고 단순한 신호만으로도 불필요한 언쟁을 예방할 수 있다.

또한 갈등이 반복되는 특정 주제는 시간과 환경을 바꿔서 대화하는 것이 좋다. 피곤한 밤에 꺼내는 대신 차분하게 마주 앉아 얘기할 수 있는 주말이나 여유 있는 시간에 이야기하면 훨씬 더 건설적인 대화가 가능하다. 갈등을 자주 불러오는 주제는 다루는 방식과 조건만 바꿔도 분위기가 크게 달라진다. 갈등이 반복된다는 것은 그만큼 쉽게 풀리지 않는 주제일 수 있다. 그럴수록 무엇보다 중요한 것은 해결보다 공감을 먼저 주는 태도다.

누가 일방적으로 참거나 양보하는 것이 아니라 생각의 다름을 존중하고 인정하며 합의점을 찾아가는 과정이 필요하다. 문제 해결을 서두르기보다 "당신은 이런 마음이구나" 하고 감정을 이해해 주는 순간, 상대는 방어를 내려놓고 마음을 열게 될 것이다. 결국 갈등의 고리를 끊는 가장 확실한 방법은 반복되는 패턴을 알아차리고, 대화의 환경을 바꿔보고, 패턴의 고리를 끊어내기 위해 함께 노력하는 것이다.

갈등 후 어떻게 회복하느냐가 더 중요하다. 진짜 친밀감은 '갈등이 없는 관계'에서 오는 것이 아니라 '갈등을 잘 회복하는 관계'에서 깊어진다. 아무리 가까운 사이여도 다투지 않는 건 불가능하다. 겉으로는 평온해 보여도 무언가 상대에게 말하지 못한 감정이 쌓인다면 더 위험할 수 있다. 어떤 갈등도 결국은 잘 회복한다면, '균열'이 아니라 '서로를 더 잘 이해할 수 있는 기회'로 전환할 수 있다.

많은 사람이 "미안해"라는 말 한마디로 관계가 쉽게 회복되기를 바란다. 굳이 말하지 않아도 서로를 잘 아니까 '이해하겠지' 하며 적당히 넘어가기도 한다. 하지만 그러고 나면 다음번에 똑같은 상황과 패턴으로 갈등이 반복되는 경우를 허다하게 본다. '말하지 않아도 다 알겠지' 하는 마음으로 적당히 무마하며 갈등을 덮다 보면 해결되지 않은 감정이 쌓여 결국 더 큰 골이 생긴다.

갈등 이후에 가장 중요한 것은 관계를 재정립하는 것이다. "또 이런 상황이 생긴다면, 우리는 어떻게 대처해야 할까?"라는 질문을 두고 서로 깊이 이야기해야 한다. 그 과정에서 각자가 원하는 방향을 솔직히 나누고, 조율하며, 함께 노력해 나아가는 의지가 뒷받침될 때 관계는 더욱 단단해진다. 진짜 회복은 말이 아니라 행동에서 시작된다. 이전보다 더 주의 깊게 행동하고 더 귀를 열어 이야기를 경청하며 마음을 담아 따뜻한 시선으로 바라볼 때, 관계는 더욱 단단하게 연결된다. 우리는 한 번의 실수보다, 그 실수를 대하는 서로의 태도에서 신뢰를 경험하기 때문이다.

관계를 재정립한다는 건 다시 세우는 것이다. 무너진 자리에서 서로의 손을 맞잡고, 이전보다 더 깊이 뿌리내리는 과정이다. 그래서 회복 이후의 관계는 더 단단하고, 더 깊고, 더 의미 있다.

말하는 태도,
인생 지도를
그린다

자기 주도적 삶이
만들어내는 말하는 태도

현명한 사람은 건강한 자존감을 지니고 있다. 그들은 흔들림이 없고 굳이 말로 자신을 증명하려 애쓰지 않는다. 이미 스스로를 잘 알고 있기에, 타인에게 잘난 척하며 인정받아야 할 필요를 느끼지 않는다. 이들은 세상의 다양함을 인정하고, 그 차이를 여유롭게 받아들일 수 있는 마음의 공간이 있다. 그래서 타인과 대화를 나눌 때도 자신의 의견을 고집스럽게 밀어붙이지 않는다. 생각은 또렷하되, 그 말이 강요가 되지 않도록 상대의 의견을 존중하는 말하는 태도를 가진다.

그들의 말투는 단정하고 격이 있으나 무겁지 않다. 자신의 감정과 생각을 명확히 인식하는 메타인지가 있기에 상황에 따라 차분하게 전달할 수 있다. 이렇게 나온 말은 책임감 있고 무게감 있게 전달된다. 현명한 사람들의 말하기는 단순한 소통 기술이 아니다. 스스로를 존중하는 사람만이 보여줄 수 있는 내면의 품격이자, 건강한 자존감이 자연스럽게 드러난 모습이다.

반대로 끌려가는 말하기를 하는 사람들이 있다. 심리학자 김태형 교수가 쓴《가짜 자존감 권하는 사회》에 따르면, 자존감이 낮을 때는 외부 인정을 통해 가짜 자존감을 쌓고자 한다고 했다. 자존감이 낮을수록 외부로부터 인정을 받고자 하는 욕망이 강해져 남이 좋아할 것 같은 모습만 보여주려 하고, 자신의 본질적 욕구는 뒷전이 된다는 것이다. 또한 방어기제가 과도하게 활성화되어 외부의 평가나 통제에 민감하게 반응하게 된다고 했다.

자존감이 낮은 사람들은 주변 분위기에 끌려간다. 말할 때도, 행동할 때도, 선택 앞에서도 내가 원하는 것이 무언인지를 살피기보다는 타인의 기분, 분위기, 눈치를 먼저 살피는 경우가 많다.

"그냥 다들 그렇게 하니까요." "뭐 다수가 원하는 대로 할까요?"

겉으로는 공손해 보이지만 나의 생각은 없고, 다수의 선호를 쫓아가는 태도만이 있다. 이런 사람들은 '나는'이라는 주어보다 '대부분이, 누가 그러는데'라는 말을 더 자주 쓴다. 말끝을 흐리거나 애매한 표현으로 마무리하는 경우도 많다. 말이 흐릿하다는 건 곧 자기 생각이 흔들리고 있다는 신호다. 자신이 진짜로 원하는 것이 무엇인지, 옳다고 믿는 가치관이 무엇인지조차 주변 분위기에 휩쓸려 흔들리고 있다는 뜻일 수 있다.

삶의 주도권이 불분명한 사람은 말할 때도 자주 주저하고 머뭇거린다. 이런 경향은 자신의 감정을 표현하는 데 익숙하지 않거나 자기 욕구를 분명하게 인식하지 못하고 있다는 것을 드러낸다. 결국 말에서도, 삶에서도 중요한 결정을 남에게 맡긴다. 그들은 불편한 상황을 피하고 싶어서, 늘 남을 먼저 생각하느라, 자신의 욕구에 익숙지 않아서 혹은 거절당하거나 틀릴까 봐 두려워서 스스로 주도하지 못한다.

심리학자 에드워드 데시와 리처드 라이언은 자기결정성 이론에서 인간은 자율성, 유능성, 관계성이라는 세 가지 심리적 욕구가 충족될 때 비로소 내면에 동기가 생기고, 삶의 성장이 가능하다고 했다. 이 세 가지가 충족되지 않으면 자존감이 낮아지고, 동기와 심리적 웰빙이 저하된다고 했다.

하지만 현대사회에서 자라는 아이들에게 자율성은 반항으로 오해되고, 유능성은 등수로만 평가되며, 관계성은 경쟁자와의 긴장 속에서 왜곡된다. 아이들은 하루 열여섯 시간을 책상 앞에서 보낸다. 하지만 '이렇게 열심히 했는데도, 나보다 잘하는 애들이 너무 많아'라는 자괴감을 겪기 쉽다. 스스로 유능감을 경험하기가 힘들다.

이런 아이들이 어른이 되었을 때 문제는 더 깊어진다. 면접에서 "무슨 일을 하고 싶으세요?"라는 질문에 말문이 막히고, 연애나 결혼,

인간관계 앞에서 작은 갈등에도 혼란스러워 한다. 왜 그럴까? 그들은 지금껏 자기 인생에서 중요한 결정을 스스로 해본 적이 없기 때문이다. 선택도, 실패도, 그에 따른 책임도 누군가 대신해 주는 삶 속에서 그들은 스스로의 삶을 살아본 적이 없다.

서강대학교 철학과 최진석 명예교수는 "주체적으로 사유하지 않는 자는 남이 짜놓은 삶을 살아간다"라고 말했다. 타인의 기준으로만 판단하는 사람은 그 기준이 사라지면 삶도 흔들린다. 타인의 말이 없으면 결정하지 못하고, 타인의 눈치가 없으면 방향을 잡지 못한다. 자기 안의 질문에 귀 기울이고, 자기 목소리로 삶을 결정하는 법을 배우고, 내면에 기준이 생기면, 말도 단단해진다. 그리고 그 말에는 책임이 실리고, 삶의 방향이 깃든다.

중요한 것은 어떻게 하면 더 유창하게 말할 수 있는가가 아니다. 스스로 살아본 경험 위에 '자기다운 말'을 쌓아가는 것이다. 자율성과 유능성, 관계성의 뿌리 위에 자란 말은 가볍지 않다. 그 말은 타인의 입장을 밀어내지 않으면서도 "나는 이런 생각을 가지고 있어요"라고 분명하게 말할 수 있는 용기를 가진다. 자기 주도적 말하기는 타인을 밀어내는 것이 아니라 나를 잃지 않는 것이다.

말은 곧 그 사람의 삶을 보여준다. 자기결정 없이 살아온 사람은 결정 앞에서도, 말 앞에서도 자신을 표현하지 못한다. 지금 우리에게 필요한 건 누구의 말도 아닌, 자기 안에서 시작된 말이다. 그 말로 삶을 만들고, 그 말로 중심을 세우는 사람이 진짜 자기 인생을 살아가는 사람이다.

자기 주도성이 부족한 사람은 말하기에서도 그 흔적이 드러난다. 갈등을 피하고 싶은 마음, 혹은 잘못된 선택에 대한 두려움 때문일 수 있다. 하지만 이런 상황이 반복되면 상대방은 점점 피로해지고, 결국 자신조차 진짜 감정을 잃어버리게 된다. 문제는 말하지 않는 것이 아니라 자신이 무엇을 원하는지도 모른 채 대화에 임하는 태도다. 자기 생각을 말하는 건 용기가 필요한 일이다. 때로는 거절해야 하고, 의견 충돌이 있을 수도 있다.

왜 우리는 자주 "아무거나"라고 말할까? 그 시작은 '나'를 뒤로 미루는 태도에서 비롯된다. 현명한 사람은 자기 마음을 주도적으로 인식할 줄 안다. 자기 주도적인 말하기는 나의 경계를 세우고, 타인과 건강한 관계를 만드는 데 꼭 필요하다. 솔직한 표현은 상대에게도 신호를 준다. '내가 뭘 원하는지' 알려주어야 상대도 나를 배려할 수 있다. "괜찮아"라는 말이 익숙해졌다면, 그 말이 정말 내 감정에서 비롯된 것인지, 아니면 단순히 충돌을 피하려는 습관인지 돌아볼 필요가 있다.

내가 지금 하고 있는 말은 정말 내 생각일까? 아니면 타인의 의견에 끌려가며 그저 맞춰주는 말일까? 오늘 하루, "나는 이렇게 생각해"라고 말할 수 있는 용기를 내보자. 그 작은 한마디가 나를 다시 중심에 놓는 시작이 될 것이다. 이 한마디가 우리를 더 분명하게 만들고, 우리의 삶을 한 걸음 앞으로 이끌 것이다.

스티브 잡스의 말을 기억하자.

"다른 사람의 의견이 당신 내면의 목소리를 삼켜버리지 않게 하라."

에드워드 데시와 리처드 라이언은 자기주도성이 높은 사람일수록 내적 동기가 강하고, 결국 더 큰 성과와 만족을 이끌어낸다고 했다. 이는 "내가 결정했다"라는 말이 아니라 "내가 왜 이 일을 하고 있는지, 어떤 의미를 두고 있는지"에 대한 내면의 명확한 감각에서 시작된다. 그리고 자기주도성은 하루아침에 생기는 게 아니다. 자기주도적인 사람은 '일을 하는 사람'이 아니라 '목표를 향해 움직이는 사람'이다. 그들은 정해진 기준보다 자신이 세운 기준을 더 중요하게 생각하고, 그 기준을 향해 능동적으로 사고하고 행동한다. 그 모든 출발은 "이건 내가 선택한 일이야"라는 내면의 단단한 감각에서 비롯된다. 그리고 그 태도가, 결국 사람을 다르게 만든다.

내면이 단단한 사람은 길을 잃지 않는다

내면이 단단한 사람은 타인의 말을 존중하지만, 그것을 자신의 가치를 평가하는 기준으로 받아들이지 않는다. 내면이 단단하다는 것은 흔들리지 않는 완고함이 아니다. 오히려 자기 안의 목소리를 끝까지 들여다볼 수 있는 용기다. 자신의 내면 깊숙한 곳을 들여다보기 위해 생각하고 또 생각하는 일은 결코 쉽지 않다. 주변 사람들의 말이나 SNS의 유행을 손쉽게 접할 수 있는 세상에서 그 흐름에 휩쓸리지 않는 일은 결코 쉽지 않다. 무작정 따르지 않고, 스스로 옳고 그름을 판단하며 내가 진정으로 원하는 길이 무엇인지 고민하고 개척해 나가는 일은 훨씬 더 어렵다.

하지만 그것이 바로 자신의 인생에 스스로 책임을 지는 자세다. 때로는 '별로'라는 평가를 듣거나 빗나갔다며 오해를 살 수도 있다. 중심을 가진 사람은 그런 반응에 쉽게 흔들리지 않는다. 그들에게 중요한 것은 남들의 말이 아니라 나답게 성장하고 있는가이기 때문이다. 내면이 단단한 사람은 타인의 말을 열린 마음으로 듣지만, 그 말이 자신의 기준을 흔들도록 허락하지 않는다. 그들은 자기 내면을 깊이 들여다보며, 고뇌 끝에 자기 확신을 다지고 한 걸음씩 용기 있게 나아간다. 진짜 자기 길을 간다는 것은 스스로에게 묻고, 스스로 선택하고, 그 선택에 책임지는 일이다.

삶은 남들이 정해주는 정답을 향해 가는 것이 아니다. 내면이 단단한 사람은 타인의 시선이 아닌, 자기 확신으로 길을 찾는다. 그들은 불편한 이야기를 회피하지 않고, 오히려 관계를 지키기 위해 필요한 말이라면 솔직하게 전할 줄 안다. 실패나 실수에도 쉽게 부서지지 않는다.

내면이 단단한 사람은 자신의 '가치'를 기준으로 세상을 바라본다. 타인에 의해 그 기준이 흔들리지 않는다. 유행이 바뀌고 사람들이 말하는 정답이 달라져도, 자신만의 중심은 그대로 유지된다. 왜냐하면 그들은 항상 스스로에게 묻기 때문이다.

"나에게 진정으로 옳은 것은 무엇인가?"

내면이 단단한 사람은 타인의 말과 행동을 하나의 '정보'로 받아들이되, 결코 그것이 자신을 좌우하게 두지 않는다. 누가 더 크게 말하느냐가 아니라 무엇이 더 옳은 기준인가를 따를 줄 아는 것이 중요하다.

감정을 다스리는 사람, 감정에 휘둘리는 사람

감정에 휘둘리지 않는 사람들, 그들은 무엇이 다를까? 많은 심리학자는 감정을 다스리는 실질적인 방법으로 이런 조언을 한다. "감정이 올라오는 순간, 그 감정에 이름을 붙여라", "심호흡하고 10초만 멈춰라", "당장 반응하지 말고 감정을 객관적으로 바라보아라" 등 이론으로 들으면 모두 옳고 훌륭한 방법들이다. 하지만 막상 그 순간이 닥치면, 그 어떤 조언도 기억하지 못한 채 감정의 소용돌이에 휩싸이고 만다.

감정에 끌려가지 않고, 감정을 다스리는 가장 좋은 방법은 이미지 트레이닝이다. 이미지 트레이닝은 운동선수나 중요한 무대에 서는 사람이 많이 사용하는 심리학 기술이다. 실제 상황처럼 머릿속에서 생생하게 떠올리고 상상하다 보면, 뇌는 그것을 가짜가 아닌 진짜로 받아들인다. 그리고 그것이 진짜 훈련이 되어서 실제로 그 상황을 다시 맞닥트렸을 때 도움이 되는 것이다.

눈을 감고 심호흡을 하며 최근에 당황했던 일을 생각해 보았다. 딸아이와 낯선 여행지에서 택시를 불렀는데 택시가 어디에 서 있는지 찾지 못해 무척 당황한 적이 있었다. 대기 요금은 올라가고 길은 복잡한데 택시가 보이지 않아 건물을 빙빙 돌았다.

그때를 생각하며 이미지 트레이닝을 시작했다. 나는 딸아이와 어둡고 잘못된 장소에 서 있다. 택시기사에게 재촉 문자가 오고 마음은 조급해진다. 우선 나의 감정 상태를 먼저 알아차린다. 불안한 표정, 초조한 움직임을 인식한 순간, 행동하기를 멈추고 속으로 말한다.

'당황했구나. 괜찮아. 이건 그리 큰 문제가 아니야. 기껏해야 요금이 조금 올라갈 뿐이야. 결국 택시를 못 만나면 다시 부르면 돼.'

감정을 인식한 후 침착하게 생각한다. 앱의 지도를 꼼꼼하게 확인하고 건물과 주변을 살펴본다. 서두르지 않아도 괜찮다. 늦어도 괜찮다. 딸아이의 손을 잡고 택시 위치로 걸어서 이동한다. 택시를 발견하고 차분히 뒷좌석에 앉는다. 감정에 휘둘리지 않고 침착하게 대처한 나 자신을 칭찬해 준다.

누구나 감정을 가지고 살아간다. 순간순간 생각지 못한 감정이 밀려올 수 있다. 하지만 감정에 휘둘리지 않고 나의 감정의 주인이 되고 싶다면, 노력이 필요하다. 나는 감정을 완전히 통제할 수 있는 사람이 아니다. 하지만 이제는 안다. 앞으로도 수많은 상황이 생길 것이다. 그럴 때마다 상상하고, 연습하고, 칭찬하며 나를 조금씩 단단하게 훈련해 갈 것이다. 감정에 휘둘리는 사람이 아니라 더욱 현명하게 감정을 다스리는 사람이 되기 위해서 말이다.

감정에 휘둘리지 않는 사람들의 마인드셋

일상에서 갑작스럽게 감정이 올라오는 순간이 있다. 예기치 않은 상황, 억울한 말, 예상 밖의 실망 등 그 순간 우리는 본능적으로 말하거나 행동하기 쉽지만, 현명한 사람들은 먼저 자신의 마음 상태를 알아차린다.

1단계_알아차리기

감정은 순간적으로 몸과 마음을 덮친다. 하지만 휘둘리지 않기 위해서는 '지금 내가 당황했구나, 화가 났구나, 마음이 급하구나' 하고 감정을 알아차리는 것이 필요하다.

2단계_멈추고 심호흡하기

감정이 올라오자마자 말하거나 행동하기 전에 우선 멈춘다. 이유를 묻지 말고 무조건 멈춘다는 규칙을 정하자. 그 짧은 멈춤이 큰 변화를 가져올 것이다. 그다음 빨라진 심박수를 차분하게 만들어야 한다. 천천히 들이쉬고 내쉬며 심호흡하면서 심박수가 가라앉기를 기다린다.

3단계_생각하고 행동하기

심박수가 진정되면 비로소 이성적으로 생각하고 판단할 수 있다.
"지금 어떤 말이나 행동이 모두에게 도움이 될까?"
감정을 배제하고 효과적인 해결 방안을 생각하고 행동한다.

이 간단한 3단계는 감정에 휘둘리지 않고 상황에 대응하도록 도와주는 작지만 강력한 자기 조절 훈련이 될 것이다. 매일 조금씩 연습하면 감정이 일어났을 때, 바로 반응하지 않고 한 걸음 떨어져 바라보기 쉬워진다. 그리고 우리는 더 침착하고 단단한 사람이 될 것이다.

혼자 있는
시간의 힘

　우리는 오늘도 얼마나 많은 사람과 만나고 대화를 나누었을까. 만나고 싶은 사람이 있는가 하면, 가끔은 마주치고 싶지 않은 사람도 있었을 것이다. 가족과 동료, 친구들과 만나다 보면, 어느 순간 문득 공허함이 밀려오는 때가 있다. 분명 좋은 시간을 보냈음에도 어떤 날은 에너지를 충전하고 오는 반면, 어떤 날은 말로 설명하기 힘든 허전함이 남곤 한다. 돌이켜보면 너무 많은 사람을 만나 힘에 부쳤다거나 그날의 대화에 알맹이가 없어 헛헛했던 것 같다.

　의미 없는 수다만 이어지는 만남, 편하다는 이유로 누군가가 선을 넘고, 하지 않아도 될 말이 오가며 불편함만 남겼던 만남. 그런 만남 뒤에는 꼭 후회가 남는다. 혹은 다른 사람의 시선과 입장을 신경 쓰느라 정작 나는 무엇을 원하는지, 어떤 기분이었는지를 외면한 날도 있다. 그럴 때면 몸과 마음이 한꺼번에 지치고, 빨리 자리를 떠나 조용히 있고 싶다는 생각이 간절하다. 북적이는 사람들 틈에서 끊임없이 타인과 얼굴을 마주하다 보면 나를 들여다볼 시간을 갖기 어렵다. 혼자 있는 시간의 달콤한 매력을 느껴본 적이 있는가. 한 번이라도 그런 경험이 있는 사람이라면, 그 시간을 어떻게든 만들어내고 싶어질 것이다.

　야근과 육아로 하루하루를 버텨내던 시절, 늦은 밤 아이들이 잠든 후 거품 가득한 라테 한 잔을 내려놓고 거품이 사라지는 걸 바라보며 숨을 고르는 그 몇 분이 나에게는 큰 휴식이었다. 단 5분밖에 허락되지 않은 짧은 시간이었지만, 마치 한두 시간을 쉰 것처럼 달콤하게 느껴지곤 했다. 지금은 여유롭게 카페에서 사색하는 시간을 즐긴다. 단 30분이라도 조용히 나를 들여다보고, 나와 대화를 나누는 그 시간이 내게는 가장 소중하고 충만하다.

사이토 다카시는 《혼자 있는 시간의 힘》에서 뇌를 뜨겁게 달아오르게 하는 지적인 생활이야말로 누구나 경험해야만 하는 '혼자 있는 시간'의 본질이라고 했다. 그는 주변 사람들과 잘 사귀면서도 나 자신에게 충실한 시간을 보내는 것이야말로 어른이 가질 수 있는 이상적인 고독의 상태라고 했다. 바쁜 직장인도 출근 전 짧은 산책이나 운동 후 커피 한 잔으로 하루를 시작하곤 한다. 주말이면 풍경 좋은 곳으로 캠핑을 떠나 자연을 감상하기도 하고 테니스나 러닝을 하며 자신만의 취미를 이어간다.

사람들은 저마다의 방식으로 관계를 맺고, 또 거리를 두며 휴식한다. 중요한 것은 혼자 있는 시간을 외롭거나 따분하게 여기지 않고, 각자의 방식으로 충실하게 보내는 것이다. 혼자만의 시간을 충실하게 보낼 줄 아는 사람은 단단하다. 자신을 깊이 들여다볼 줄 아는 사람은 자신을 정확히 알고, 그 내면의 힘으로 외부의 흔들림에도 쉽게 흔들리지 않는다. 그래서 먼저 필요한 것은 '나 자신과의 대화'다. 자신의 내면과 진지한 대화를 나눠본 적이 없는 사람이 타인과 깊이 있는 대화를 나누기는 어렵다.

　사람들과 쉴 틈 없이 어울리다 보면, 어느새 타인에게 맞춰진 모습으로 생각하고 말하는 일이 잦아진다. 사회적 동물인 우리는 본능적으로 타인을 의식하고, 상대의 감정에 맞추어 말하고 행동하며 살아가기 때문이다. 그 자체가 나쁘거나 틀린 건 아니지만, 그런 시간이 지나치게 많아지면 '진짜 나'를 들여다볼 시간이 사라진다.

　나는 원하는 삶을 살고 있는가. 누군가가 그려놓은 틀이 아닌, 내가 주도적으로 그려가는 삶을 살고 있는가. 진짜 내가 원하는 방향으로 가고 있는지 스스로에게 묻고 돌아볼 때, 비로소 타인과도 주체적으로 대화하고 건강한 관계를 맺을 수 있다.

　우리는 바쁜 일상에서 참 많은 역할을 수행하며 살아간다. 아이를 돌보고, 가족을 챙기고, 회사에서 일하며 동료와의 관계를 맺기 위해 애쓰는 동안 정작 '나'를 돌보고 들여다보았는지, 잠시 멈춰 서서 되짚어 보아야 한다. 오늘 하루를 돌아보며 왜 저 사람의 말이 유독 거슬렸는지, 왜 회식 자리에서 맛조차 느끼지 못했는지, 상대가 무례했던 건지 내가 예민했던 건지, 그리고 오늘 하루 나다운 모습으로 살았는지 이런 질문들을 스스로에게 던져야 한다. 우리는 몸의 건강을 위해 영양제를 챙기고 건강검진도 받는다. 마음과 정신도 마찬가지다. 하루 중 단 몇 분이라도 스스로를 돌보는 시간, 그 시간이 쌓여 나를 지키는 힘이 된다.

　《개인주의자의 철학 수업》의 저자 마루야마 슌이치는 흔들리는 삶 속에서도 중심을 잃지 않기 위해서는 깊은 자기 성찰이 필요하다고 했다. 타인의 기준에 휘둘리지 않기 위해서는 스스로의 생각과 신념에 집중하고, 작은 것부터 스스로 선택하고 방향을 정하며, 그 결과에 책임지는 연습을 해야 한다. 그러한 경험을 통해 삶의 지혜와 경험치를 넓혀나가는 것이다.

나이가 들수록 사람 간의 관계에서 적당한 거리 두기가 중요하게 느껴진다. 사람은 각자의 인생 경험과 가치관을 바탕으로 고유한 개성을 형성하며, 내가 옳다고 믿는 것도 타인의 입장에서는 그렇지 않을 수 있다. '나의 진리'를 상대에게 강요하는 순간, 관계는 어긋나기 시작한다. 부모와 자식 사이에도 일정 시점이 지나면 거리 두기가 필요하다. 그것이 '차이'의 인정이다. 누구나 각자의 기준과 방식으로 삶을 살아가고 있기 때문이다. 이런 차이를 이해하지 못하고, 내 방식대로 상대를 바꾸려 한다면, 상대의 고유한 정체성을 침범하고 있는 셈이다. 그건 곧 내가 더 옳다는 태도이자, 우월감을 전제로 한 관계 방식일지도 모른다.

사람과의 관계에서도 교집합과 차집합이 존재한다. 공통된 관심사나 유사한 가치관이 교집합이라면, 서로 다른 경험과 개성과 관점은 차집합이다. 좋은 관계란, 이 교집합을 통해 연결되며 차집합을 존중하는 것이다. '따로 또 같이' 서로의 다름을 인정하며 함께할 수 있는 부분을 키워나가는 것이 건강한 관계의 핵심이다.

각자의 차집합이 지나치게 크면 외로움을 느끼고, 너무 작으면 의

존적이게 된다. 결국 이 공간을 잘 가꾸는 힘은 혼자 있는 시간 속에서 만들어진다. 스스로를 돌보고 성찰하는 시간을 충실히 보낼수록 더 단단해지고 관계 속에서도 더 자유로워진다.

타인과 잘 지내기 위해서 필요한 것은 나 자신과 잘 지내는 것이다. 타인의 시선을 지나치게 의식하며 살아간다면, 온전한 나는 존재할 수 없다. 남이 원하는 삶이 아닌, 내가 선택하고 주도하는 삶을 살기 위해서는 나와 깊은 대화를 나누는 시간이 먼저다.

말이 아닌 삶으로
내 인생의 길을 증명하라

나이만 먹는다고 어른이 되는 것은 아니다. 끊임없이 배우고 성장해야 어른이 된다. 삶의 중심에는 언제나 선택이 있다. 나는 무엇을 소중히 여기며 살아갈 것인가? VIA(Value, Influence, Action)를 통해 내 삶이 어떤 가치를 기반으로 움직이고 있는지, 그 가치가 사람들과의 관계 속에서 어떻게 자라고 있는지를 늘 고민해야 한다. 그리고 내가 하는 말과 행동이 과연 가고자 하는 인생의 방향과 잘 맞는지 스스로에게 물어보자. 모든 일에는 넘치지도, 모자라지도 않는 마음가짐이 필요하다.

아이를 키우며, 몸이 두 개라도 모자랄 만큼 뛰어다니던 시절이 있었다. 슈퍼우먼처럼 버텨내던 어느 날 밤, 문득 정신이 번쩍 들었다. 그날따라 밤새 폭설이 내리고 있어 '내일 강의에 어떻게 가지? 길이 얼지 않으려나?' 걱정하며 가방을 챙기던 중, 매일 회사 가는 엄마를 지금껏 조용히 배웅하던 첫째 아이가 갑자기 엉엉 울면서 소리치기 시작했다. 10년 만에 처음 있는 일이었다.

"엄마! 회사 가지 마! 회사 가지 말라고!"

늘 조용했던 아이라 한 번도 조르거나 우는 일이 없었는데, 이제 다 컸다 싶었는데, 갑작스러운 외침에 아이를 껴안고 같이 펑펑 울었던 기억이 난다. 그날 멈추지 않고 울어대는 아이를 한참 껴안고 달래주다가 흰 눈이 펑펑 내리는 창밖이 너무 환하게 빛나 온 식구가 함께 털모자와 장갑을 챙겨 들고 밖으로 나갔다. 온 세상이 낮처럼 환하게 밝은 밤에 발자국 하나 없이 눈이 쌓인 공원을 뛰어다니며 눈을 뭉쳐서 서로를 맞히고, 썰매를 타며 구르고, 마지막으로 커다랗고 뚱뚱한 눈사람을 만든 후 집으로 돌아왔다. 손끝이 시릴 정도로 차가운 날이었지만 너무나도 행복한 순간이었다. 집으로 돌아와 눈이 툭툭 떨어지는 장갑을 벗어 던지며, 아이는 "엄마, 내일 회사 다녀와도 돼요"라며 허락을 내어주었다. 그날 이후, 나는 내 삶을 돌아보게 되었다. '내 삶에 정말 중요한 것은 무엇인가?' 우리 아이들과 가족, 그리고 나의 일. 그 사이에서 균형을 잡아야 했다.

중용은 한쪽으로 치우치지 않는 균형의 지혜다. 나의 VIA 역시 그 균형 위에 있어야 한다는 것을 깨닫는 날이었다. 우리가 매일 섭취하는 음식에도 균형이 필요하듯, 삶에도 늘 조화로운 균형이 필요하다. 우리가 전하는 말도 마찬가지다. 진심은 적절한 순간에 전해야 제대로 닿고, 때로는 많은 말보다 조용한 침묵이 더 큰 위로가 된다. 아는 것을 과하게 드러내면 교만이 되고, 부족하면 대화 자체가 막히기 쉽다. 인간관계는 지나치게 뜨겁지도, 차갑지도 않게, 적당한 온기를 유지하는 것이 중요하다. 말이든 관계든 균형을 지키며 살아가는 것. 그것이 바로 중용의 삶이며, 균형 있는 삶을 산다는 것이다.

결국, 내가 어떤 태도로 살아가는지는 내가 선택한 가치와 그것을 실현하는 방식에 달려 있다. 가치와 영향, 행동이 조화를 이룰 때, 나는 나답게 살면서도 균형을 잃지 않는 중용의 삶을 살 수 있다. 그것이 내가 선택한 '말하는 태도'이며, 곧 내가 향하는 방향이다.

중용에서는 배움의 길을 다섯 단계로 말한다. 널리 배우고, 깊이 묻고, 신중히 생각하고, 분명히 판단하며, 몸에 배도록 실천하는 것이다. 이 다섯 단계를 묵묵히 따라 나아갈 때, 삶의 방향은 점점 단단해지고, 말하는 태도는 삶과 하나가 되어 점점 더 깊어진다.

책을 마무리하며

여행을 다니다 보면 그런 길을 만날 때가 있다.
그저 스쳐 지나쳤을 뿐인데 오래도록 마음에 남는 길,
빛이 바래 희미해질 법도 한데 오히려 더 또렷하게 떠오르는 길.

이른 아침의 촉촉한 공기, 낡은 돌담에 스며든 햇살 한 줄기,
비좁은 틈을 비집고 올라온 작은 풀잎 하나.
눈에 띄는 건 아무것도 없지만, 그 낡음과 오래됨이 운치로 남아
시간이 흘러도 잊히지 않는 길이 된다.

사람이 살아온 시간에도 그런 길이 만들어진다.
우리가 의식하지 못하는 사이
매일의 말과 행동이 쌓여 인생의 결을 빚고
마음의 지도를 그린다.

그 길 위에는 누군가에게 건넨 따뜻한 말 한마디,
조용히 들어준 하루의 이야기,
용기 내어 건넨 진심이 잔잔한 윤슬처럼 남는다.
결국 말이란, 우리가 세상과 나누는 가장 인간적인 발자국이다.
그 발자국이 모여 우리의 인생 지도를 만든다.

누군가 내 삶을 스쳐 갈 때,
그 마음 어딘가에 따뜻한 흔적 하나 남길 수 있다면
그것이야말로 가장 아름다운 여행이자 내가 닿고자 하는
내 인생의 길이 아닐까.

그동안 내가 걸어온 길을 돌아본다.
그동안 만나왔던 수많은 사람의 얼굴도 스쳐 지나간다.
다행히 기억하기 싫은 사람보다 그리움에 기억나는 사람이
많은 걸 보니 감사한 인생이었던 것 같다.

바쁘게 살아온 시간 속에도 늘 내 곁에는 누군가의 말이 있었다.

어떤 말은 나의 길을 밝혀주는 등불이 되었고,
어떤 말은 오래도록 가슴에 남아 나를 다시 붙들어 세웠다.
하지만 또 어떤 말은 상처로 남아 한동안 마음을 아프게 했다.
돌아보면, 삶은 언제나 말이 가리키는 방향으로 자라났고
그 말의 이면에는 그 사람의 마음과 삶의 태도가 자리하고 있었다.

말의 품격은 겉으로 보이는 매너나 형식적인 배려에서 나오는 것이 아니다.
그보다 더 깊은 곳,
마음의 뿌리에서 비롯되어 말하는 태도로 이어진다.
진심으로 상대를 위하는 마음이 있을 때,
그 말이 나온 뿌리가 단단하고 건강할 때,
이렇듯 말은 삶을 향한 올바른 태도에서 나온다.

말하는 태도를 보면 그 사람이 살아온 인생이 보인다.
그 사람이 어떤 가치를 품고 살아왔는지,
인생에서 무엇을 중요하게 여기는지가 자연스럽게 드러난다.

그러니 나의 말하는 태도를 돌아보지 않을 수 없다.
결국 내 인생의 결을 빚는 것은 '이 순간의 말'이니까.
말의 품격을 다시 단단히 세워
앞으로의 인생길 위에 더 아름다운 향기를 남기고 싶다.
이 책을 읽는 당신에게도 그 힘이 가닿기를 바란다.

우리가 무심코 건네는 말 한마디가
관계의 온도를 바꾸고, 나라는 사람의 결을 만들고,
누군가의 마음을 지켜주는 힘이 되기도 하니까.

이 책이 말하는 태도를 돌아보게 하는 작은 거울이 되었으면 한다.
그리고 당신의 인생길 위에 당신만의 언어로 새긴 따뜻한 흔적이
눈부신 윤슬처럼 오래도록 남기를 바란다.